최고의 주식
퀄리티 투자

**최고의 주식
퀄리티 투자**

1쇄 2025년 10월 10일

지은이 뤽 크루제
옮긴이 김경수

펴낸곳 (주)한국투자교육연구소 부크온
펴낸이 김재영
교열 이승호
편집·디자인 강이랑, 권효정
주소 서울시 영등포구 선유로9길 10, 문래 SK V1센터 1001호
전화 02-723-9004   **팩스** 02-723-9084
홈페이지 www.bookon.co.kr
블로그 blog.naver.com/bookonblog
이메일 book@itooza.com
출판신고 제2010-000003호(2008년 4월 1일 신고)

ISBN 979-11-983759-9-5 13320

◆ **부크온**은 한국투자교육연구소 아이투자(itooza.com)의 출판 브랜드입니다.
◆ 파손된 책은 구입하신 곳에서 교환해 드리며, 책값은 뒤표지에 있습니다.
◆ 무단전재나 무단복제를 금합니다.

The Art of Quality Investing

최고의 주식
퀄리티 투자

세계 최고 기업에 투자해 돈을 불리는 가장 확실한 방법

뤽 크루제 지음 │ 김경수 옮김

iTOOZA 부크온 BOOK On

| 차 례 |

퀄리티 투자에 이르기까지의 나의 여정

나는 2008년부터 주식투자를 본격적으로 시작했다. 그러니까 글로벌 금융위기가 발생하기 직전이었던 바로 그 순간에 말이다. 아마도 그때는 역사상 최악의 투자시점이었을 것이다. 그해 봄, 내가 처음 매수한 주식 중 하나는 은행주였다.

이 이야기를 먼저 꺼내는 것은 나름 그럴싸한 자기소개를 하려는 것이 아니다. 경험이 일천했던 한 초심자가 극적으로 성공했다고 포장하기 위함은 더더욱 아니다. 그냥 내게 실제로 일어났던 일들을 이야기하려는 것이다.

우리는 그해 말 펼쳐졌던 전 세계적인 금융위기에 대해 잘 알고 있다. 금융시스템은 붕괴 직전까지 치달았다. 전례 없는 공포가 시장을 휩쓸었다. 당시 각국 정부는 상황을 안정시키고 총체적인 붕괴를 막기 위해 개입해야 했다. 그때 나의 첫 주식 포트폴리오는 거의 전멸하

다시피 했다. 초심자의 설렘 같은 것은 초기 투자금과 함께 그렇게 날아가 버렸다.

돌아보면 그런 엄청난 시장 붕괴 상황을 직접 겪은 것은, 나의 투자여정 전체적으로 봤을 때 매우 값진 경험이었다. 이렇게 경험이 하나둘 쌓이면서 이제야 겨우 그런 큰 사건이 다시 일어나도 쉽게 동요되지 않을 수준은 된 것 같다.

당시 나는 주식시장이 극도로 위험한 '뱀 구덩이'와 같다는 사실을 확실히 알게 되었다. 하지만 그럼에도 시장을 떠날 수는 없었다. 주식시장은 여전히 나에게 흥미로운 곳이라는 사실 또한 깨달았기 때문이다. 이후 나의 투자여정은 한마디로 좌충우돌 그 자체였다. 물론 지금 생각해보면 그렇게 좋은 아이디어는 아니었지만 다양한 투자방식을 실험해볼 수 있었던 소중한 시기였던 것 같다.

먼저, 딥 밸류deep-value, 초저평가 영역에 있는 주식 투자에 도전했다. 그 방식이 왠지 끌렸고, 그 안에 내재된 아이디어도 좋아 보였다. 1달러의 값어치가 있는 물건을 50센트에 산다면 좋은 거래를 하는 것이 분명하니까 말이다. 하지만 나와는 맞지 않았다. 나는 특히 떨어지는 칼[1]을 잡는 경우가 많아서, 다시 한 번 큰 타격을 입었다. 싸구려는 다시 '더 헐값의 싸구려'로 전락할 수도 있다는 교훈만을 얻었다.

그 후 나는 복잡한 옵션전략으로 시장을 이길 수 있다고 생각하며

---

1 '떨어지는 칼날을 잡지 마라'는 투자격언이 있다. 떨어지는 칼을 잡으려다 큰 상처를 입을 수 있는 것처럼, 많이 하락한 주식을 좋아하는 투자자에게도 같은 일이 생길 수 있다는 것이다. 많이 하락한 주식은 싸게 보일 수 있지만, 그렇다고 해서 그 이상의 손실을 볼 가능성이 없다는 것은 아니다. 싼 것은 훨씬 더 싸질 수 있다.

방향을 바꿨다. 롱 스트래들Long straddles, 메리드 풋married puts, 프로텍티브 칼라protective collars, 롱 콜 버터플라이 스프레드long call butterfly spreads 등 다양한 옵션전략을 활용했다. 하지만 나의 이런 시도는 얼마 못 가 조용히 막을 내렸다. 나는 옵션전략이 매우 흥미로웠지만, 성적은 너무 초라했다. 증권사(중개인)를 제외하고는 그 누구도 이런 방식으로 이득을 보지 못했다.

또 나는 포트폴리오 자체에서 수익을 창출한다는 아이디어가 마음에 들어 배당주 투자를 시도해본 적이 있다. 그런데 세금이 문제였다. 증권사 대신 이번에는 정부가 손을 내밀었다. 내가 배당금을 받을 때마다 정부는 세수 증가에 환호하며 꼬박꼬박 챙겨갔다. 배당 수익이 세금 측면에서 매력적이지 않다는 사실을 깨닫고 나는 이 방식 역시 그만두기로 했다.

물론 어떤 투자자들은 이런 각각의 투자방식으로 훌륭한 성과를 거두기도 한다. 하지만 적어도 나에게는 맞지 않았다.

결국 나는 준비되지 않은 상황에서는 새로운 모험에 뛰어들지 않기로 결심했다. 그리고는 투자 공부에 몰두했다. 나에게 맞는 투자방식을 찾아내야만 했다. 기본 아이디어가 논리적이고 단순하지만 아주 효과적인 투자방식을 말이다. 투자에 관한 수백 권의 책을 읽었다. 펀드매니저 사례들도 다각도로 연구하고 각종 조사 또한 수행했다. 그 결과 '퀄리티 투자quality investing'에 마침내 도달하게 되었다. 드디어 나의 기준을 충족하는 투자철학을 찾은 것이다.

'퀄리티 투자'는 최고의 회사들만 남도록 선택하는 데 그 본질이 있다.

적정한 평가 수준에서 그 회사들을 매수하고,

기다리면서 복리 효과를 누리는 것이다.

나는 이 전략을 통해 지난 수년 동안 성공을 거두면서, 투자란 복잡할 필요가 없다는 것을 거듭 확인해왔다. 퀄리티 투자는 매우 단순한 아이디어를 가지고 있다. 오직 '최고의 종목' 하나만으로도 충분하다는 것이다.

하지만 단순하다고 해서 쉬운 것은 아니다. 최고의 종목을 찾아내기 위해서는 철저한 조사를 위해 팔을 걷어붙일 준비가 되어 있어야한다. 그럼에도 이 투자방식의 단순성과 깊이는 매력적이다. 퀄리티투자법에 관해 그동안 잡지와 블로그에 꾸준히 글을 써온 결과, 투자자들의 관심 또한 상당히 높아진 것 같다. 이 스타일의 본질이 명확하고 실질적이기 때문에 이런 공감은 어쩌면 자연스러운 일인지도 모르겠다.

이제 앞으로 퀄리티 투자법이 여러분의 주된 투자방식이 될 수도있고, 이 투자법의 일부를 여러분의 기존 투자방식에 응용하는 방법도 있을 것이다. 나는 이 책에서 논의된 내용들이, 주식시장에서 성공을 향한 여러분의 여정에 도움이 되기만을 바랄 뿐이다.

1

'퀄리티 투자'란 무엇인가

버핏과 멍거의 씨즈캔디 인수 이야기

1972년 버크셔 해서웨이Berkshire Hathaway는 캘리포니아에 본사를 둔 초콜릿 제조기업 씨즈캔디See's Candies를 3,000만 달러에 인수할 기회를 얻었다. 이 금액은 당시 버크셔 해서웨이로서는 전례가 없는 엄청난 것이었다. 그러나 중요한 것은, 가격이 아니라 장부가치[1]에 엄청난 프리미엄이 붙었다는 점이었다.

버크셔 해서웨이의 수장이자 당시 순수 가치투자자였던 워런 버핏 Warren Buffett은 유형자산이 가지는 가치보다 더 많은 돈을 지불한다는 것에 대해 불편한 마음이 있었다. 이는 그의 투자원칙에 어긋나는 일이었다. 버핏은 대개 잠재적 청산 시 기본 자산의 가치보다 낮은 가격으로 기업을 인수했다. 그리고 그런 방식은 성공을 거듭해왔다.

반면, 그의 파트너였던 찰리 멍거Charles Munger는 인수를 추진해야 한다고 생각한 사람이었다.

씨즈캔디는 탄탄한 브랜드와 충성도 높은 고객층을 보유하고 있었으며, 사업과정에서 고객을 잃지 않고 매년 가격을 인상할 수 있는 능력을 갖추고 있었다(나중에 버핏은 이런 사실을 확인하면서 1972년 크리

---

1 기업의 장부가치는 재무상태표의 모든 자산에서 부채를 뺀 값을 말한다.

스마스 다음날부터 씨즈캔디가 지속적으로 가격을 인상했다는 점을 따로 언급하기도 했다). 다시 강조하지만 '매년'이다. 고객이 줄어들지 않으면서 가격을 인상할 수 있는 기업은 사실 흔치 않다. 그렇기 때문에 가격결정력Pricing Power은 매우 특별하고 가치 있는 자산이다. 요컨대 당시 멍거의 주장은 일리가 있었다. 그는 자신의 논리를 버핏에게 설명한 후 다음과 같이 핵심을 요약했다.

'아주 싼 가격에 적당한 기업'을 사는 기존의 방식은 잊고,
'적정한 가격에 아주 좋은 기업'을 사도록 하자.

– 찰리 멍거

당시 씨즈캔디를 운영하는 데 필요한 자산의 가치는 약 800만 달러였다. 따라서 순수 가치투자자의 관점에서 볼 때 인수가격 3,000만 달러는 아주 비싼 가격임에 분명하다. 하지만 씨즈캔디의 기업가치는 사실 거저먹는 것과 같다고 할 수 있다. 800만 달러라는 돈으로 연간 3,000만 달러의 매출과 500만 달러에 가까운 영업이익을 창출하고 있고, 게다가 그 수치가 계속 증가하고 있다는 점을 고려한다면 말이다. 단순 계산을 해보면 800만 달러의 자산으로 약 60%의 수익률을 거두고 있는 셈이다.

씨즈캔디 창업 가문이 반세기에 걸쳐 세심하게 구축한 이 브랜드는 분명 성과를 거두고 있었다. 고객들은 씨즈캔디가 제공하는 독특

한 매력에 기꺼이 지갑을 열었다. 이 회사는 뛰어난 기업으로 성장했다. 결국 버핏은 멍거를 믿고 인수를 추진했다. 특히 흥정을 잘했던 버핏은 인수대금 3,000만 달러에서 500만 달러를 더 깎았다. 훗날 멍거는 이렇게 말했다. "씨즈캔디가 10만 달러만 더 요구했더라면 워런과 나는 자리를 박차고 나왔을 것이다. 당시 우리는 그렇게 어리석었다."

결과적으로 씨즈캔디는 실망시키지 않았다. 인수 프리미엄은 빠르게 회수되었다. 게다가 버핏이 2019년 버크셔 해서웨이 주주총회에서 언급했듯이, 이 초콜릿 제조기업은 수년 동안 약 20억 달러의 영업이익을 기록했다. 이는 처음에 지불한 2,500만 달러의 몇 배에 달하는 금액이다. 이런 성공은 기업 퀄리티에 더 많은 비용을 지불하는 것이 정당화될 수 있다는, 멍거의 생각이 옳았음을 확인시켜 주었다.

씨즈캔디를 인수한 이후 버핏은 기업의 유형 가치만 보지 않고 브랜드파워, 지적재산, 고객 기반과 같은 여러 요소도 함께 고려하게 되었다. 그는 이제 이런 측면에 대해 장부가치보다 상당한 프리미엄을 기꺼이 지불한다. 버핏의 이런 변모는 버크셔 해서웨이에 새로운 국면을 열었다. 만약 버핏이 초기의 신념을 계속 고수했다면 코카콜라 Coca-Cola에 결코 투자하지 않았을 것이다. 1988년 코카콜라 인수가 큰 성공을 거둔 것은 이제 누구나 알고 있는 사실이다.

씨즈캔디 인수는 버핏에게 분명 영향을 미쳤고, 그의 경력에 전환점이 되었다. 버핏의 재탄생은 그가 진정한 가치투자자가 된 것 외에도 이제 소위 퀄리티 투자자가 되었다는 것을 의미한다.

퀄리티 투자는 '아주 좋은 기업'에 집중하는 전략이다.

그다음으로 '가격'을 고려한다.

퀄리티 투자는 이 책의 근간을 이루고 있다. 투자철학의 기원은 1972년 씨즈캔디 인수보다 훨씬 더 거슬러 올라간다. '가치투자의 아버지'로 불리는 벤저민 그레이엄Benjamin Graham은 이미 1930년대에 퀄리티 기업과 저평가 기업에 대해 논하고 있었다. 그리고 버핏과 멍거의 씨즈캔디 인수 이야기는 순수 가치투자자들이 기업 퀄리티에 대한 부가가치를 인식하기 시작한 대표적인 사례인 셈이다.

퀄리티 투자는 20여 년 전 닷컴버블이 꺼진 이후 점차 인기를 얻게 되었다. 초창기에는 (퀄리티 투자의 주요 정량적 기준인) 실제 수익, 견고한 현금흐름 창출, 건전한 재무상태표에 많은 관심을 기울이기 시작했다. 테리 스미스Terry Smith, 닉 트레인Nick Train, 지금은 은퇴한 척 아크레Chuck Akre 등이 퀄리티 투자법을 홍보한 성공적인 펀드매니저들이었다. 그들은 오로지 최고의 퀄리티에만 집중해 탁월한 성과를 거뒀다.

이번 장에서는 퀄리티 투자의 의미와 우리에게 친숙한 가치투자 및 성장주 투자와 어떻게 구별되는지 알아볼 것이다. 또 퀄리티 투자 철학이 매력적인 이유와 잠재적 함정, 그리고 궁극적으로 다양한 전략의 특성을 통합해 성공할 수 있는 방법 등을 함께 살펴볼 것이다.

'아주 좋은 기업'에 집중하라

퀄리티 투자는 명확하게 정의된 일련의 기준에 따라 우수한 특성을 가진 기업을 식별하는 것을 목표로 하는 전략이다.

그러나 '퀄리티'라는 개념은 광범위하고 주관적이기 때문에 하나의 전략으로 정의하기는 어렵다. 테리 스미스 등 앞서 언급한 투자자들은 몇 가지 공통된 기본 기준을 사용하지만, 여기에 자신만의 강조점을 추가할 가능성이 높다. 다만, 모든 퀄리티 투자자가 포트폴리오 편입을 고려하는 기업에 거의 보편적으로 요구하는 특정 속성이 있다. 이런 속성은 스타일의 기초를 형성한다고 할 수 있다.

다년간의 매출 및 이익 성장과 높은 투하자본이익률Return on Invested Capital, ROIC과 같은 정량적 기준을 먼저 생각해 보자. 높고 안정적인 수익, 탄탄한 현금흐름 창출, 관리 가능한 부채를 가진 건전한 재무상태표도 이 전략의 특징이다.

그러나 정량적 기준에만 의존하는 것으로는 적합한 기업을 선택하는 데 충분하지 않다. 정성적 기준도 함께 고려해야 한다. 이를 위해서는 정확한 평가가 필수적이다. 주요 정성적 기준으로는 명확한 구조적 성장잠재력, 시장 리더십, 지속가능한 경쟁우위 등이 있다. 유능하고 정직한 경영진, 가격결정력, 불황에 대한 회복력도 퀄리티 기업의 특징이다.

노트북을 열고 이런 기준을 충족하는 회사를 검색하기 전에, 앞으로 나올 내용을 더 자세히 읽어보기 바란다. 금융시장에서는 특히 신중할 필요가 있다.

세계 최고 기업의 주식이라고 해서 모두가 사는 것은 아니다.

왜일까?

답은 간단하다. 바로 '밸류에이션' 때문이다.

최고의 퀄리티는 시장에서 값어치를 인정받기 때문에 이런 주식은 전체 시장보다 높은 배수로 거래된다. 특히 최근 몇 년 동안 엄청날 정도로 비싼 경우가 많았다. 이는 벤저민 그레이엄과 젊은 시절의 워런 버핏이 주창한 가치투자 원칙에 어떤 식으로든 영향을 받은 많은 투자자에게 도전적인 상황이다. 그들은 이익의 20배를 초과하는 가격을 지불하는 것이 옳지 않다고 생각했다.

하지만 때로는 프리미엄이 정당화되고 가격이 뒤늦게 저렴했던 것으로 판명되기도 한다. 펀드스미스Fundsmith의 데이터에 따르면, 만약 1973년 당시 로레알L'Oréal은 이익의 281배, 네슬레Nestlé는 이익의 51배를 지불하고 주식을 매수한 경우에도 2019년까지 연 7%의 수익률을 달성할 수 있었다. 이는 같은 기간 MSCI 월드 지수[2]를 상회하는 기록이다(이 데이터는 퀄리티 기업의 경우 주어진 기간 동안 시장 대비 초과수익을 달성하기 위해 초기에 얼마까지 지불할 수 있는지를 단적으로 보여준다).

---

2 MSCI(Morgan Stanley Capital International)가 작성하는 글로벌 주가지수. 23개 선진국 주식시장의 주요 종목들로 구성되어 있다.

물론 퀄리티 주식, 퀄리티 기업이라고 해도 고평가로 인해 투자 실패로 판명된 사례도 많이 있다. 항상 그렇듯이 가격이 저렴한지 비싼지를 판단하기 전에 그 대가로 얻는 것과 비교해 가격을 평가해야 한다. '저렴하다'와 '비싸다'는 것은 상대적인 용어다.

투자지평이 짧을수록 밸류에이션 요소가 더 부각된다는 점은 기억해둘 필요가 있다. 반면에 20년이라는 장기간의 투자 성과를 따진다면, 주식에 대해 지불한 초기 가격보다 기본 비즈니스의 성과가 훨씬 더 큰 비중을 차지하게 될 것이다.

따라서 잠재적인 퀄리티 투자자는 정상적인 시장 상황에서 최고의 퀄리티에는 엄청난 가격표가 붙는다는 사실에 익숙해져야 한다.

가치투자 및 성장주 투자와의 차이점

퀄리티 투자는 이미 잘 알려진 가치투자나 성장주 투자와는 접근방식이 다르다. 여기서는 주요 차이점 위주로 살펴보도록 하겠다.

다만, 실제로는 이런 접근방식이 서로 교집합을 이루는 경우가 많다는 점에 유념할 필요가 있다. 현실은 여기서 제시하는 것처럼 흑과 백으로 뚜렷이 구분되지 않는 경우가 더 많다. 버핏은 성장주와 가치주의 구분 같은 것은 실제로 존재하지 않는다고 말한 적도 있다. 성장성은 가치를 계산하는 데 있어 중요한 요소다.

그렇다면 먼저 가치투자와 퀄리티 투자의 차이점부터 살펴보자.

가치투자자는 내재가치보다 훨씬 낮은 가격에 주식을 매수한 다음 주가와 내재가치가 수렴할 때까지 기다리는 것을 목표로 한다. 따라서 '지불하는 가격'이 매우 중요하다.

반면에 퀄리티 투자자는 우수한 퀄리티 특성을 가진 기업부터 먼저 찾는다. 그다음 이 기업에 얼마를 지불할 의사가 있는지를 결정한다. 그러므로 이때의 가격은 부차적으로 중요하다.

가치투자자는 '아주 좋은 가격'에 적정 기업을 산다.
반면에 퀄리티 투자자는 '아주 좋은 기업'을 적정 가격에 산다.

이제 성장주 투자와 퀄리티 투자의 차이점을 살펴보자. 성장주 투자와 퀄리티 투자는 개념상 차이가 다소 덜 뚜렷하기 때문에 두 스타일을 한데 묶어 사용하는 경우가 많다. 하지만 실제로는 상당한 차이가 있기 때문에 이렇게 묶는 것은 지나치게 단순화한 것이다.

신생 성장기업의 특징은 매출 성장은 강력하지만 수익성이 부족할수 있다는 점이다. 이런 기업을 매수하는 투자자들은 특별한 미래 기대치를 예상하려고 한다.

하지만 퀄리티 기업은 다르다. 신생 성장기업과 달리 퀄리티 기업은 높은 수익성이 기대되는 것이 특징이다. 그리고 실제로도 퀄리티 기업은 수익성이 강하다.

그리고 퀄리티 기업은 탄탄한 현금흐름과 최소한의 요구수익률이 결합되어 내부적으로 성장자금을 조달할 수 있다. 따라서 건전한 재무상태표를 유지하기가 더 쉽다.

반면에 신생 성장기업은 성장을 지속하기 위한 수익성과 현금이 부족해 외부의 자금에 의존해야 하는 경우가 많다.

성장주 투자자는 '미래의 승자'를 미리 확보하는 것을 목표로 한다.
반면에 퀄리티 투자자는 이미 승자로 입증된 기업에 집중한다.

투자자가 선택할 수 있는 '가장 좋은 투자전략'

퀄리티 투자는 한마디로 '가장 좋은 투자전략the cream of the crop'이다.

먼저, 대부분의 퀄리티 기준을 충족하고 잠재력에 대한 확신이 있는 기업을 적절한 가격에 확보한 뒤에는 '안심하고 기다릴 수 있다'는 점이 바로 그것이다. 가치가 계속 창출되고 있고 시간은 투자자에게 유리하게 작동하고 있기 때문이다. 따라서 이 투자전략은 특히 매수 후 보유Buy and hold 방식[3]에 적합하다.

게다가 퀄리티 기업이 이익의 일부를 성장 프로젝트에 높은 수익률로 재투자할 수 있다는 것이 입증된다면 기하급수적인 성장이 일어날 수 있다.

그리고 나는 약세장[4]에서 퀄리티 기업이 시장보다 더 나은 성과를

---

3 '매수 후 보유' 방식은 주식을 매수한 후 장기 보유하는 투자전략이다.
4 '약세장'은 대세 상승이 끝나고 주가가 장기적으로 하락 추세에 있는 시장을 말한다.

낼 것으로 판단한다. 왜냐하면 퀄리티 기업은 종종 방어적 성격[5]을 가지고 있고 재무 건전성도 잘 유지하기 때문이다.

따라서 이런 점들은 투자자가 직면할 수 있는 여러 위험을 자연스럽게 줄여준다. 다시 말하지만, 퀄리티 투자자는 비즈니스 세계에서 최고의 종목만을 추구하며, 이는 투자자가 선택할 수 있는 가장 좋은 투자전략이다.

어디에나 '위협'은 존재한다

'최고의 종목'을 찾았다고 그냥 아무것도 하지 않아도 된다는 말은 아니다. '투자'란 게 마냥 쉽고 편안한 일만은 아니다. 기업의 수익성과 가치에 영향을 미칠 수 있는 근본적인 변화 등은 항상 모니터링해야 한다.

우선 살펴봐야할 '위협'으로는 경쟁이 격화되면서 나타나는 경쟁우위의 약화, 파괴적 혁신Disruptive Innovation에 따른 시장의 혼란, 주식시장에서 투자자들이 퀄리티 기업에 부여하는 프리미엄(높은 가격) 등이 있다.

퀄리티가 우수한 기업은 항상 지속가능한 경쟁우위를 확보하고 있다. 이는 워런 버핏이 대중화시킨 '해자moat'라는 용어로 잘 알려져 있다. 이런 이점이 없었다면 해당 기업은 퀄리티 포트폴리오에 포함되기 위한 요건인 '매출 및 이익 성장'을 수년간 계속 창출할 수 없었

---

5 '방어적 투자'는 가능한 위험을 적게 감수하는 것을 목표로 하는 투자방식이다.

을 것이다. 이런 유형의 기업에게 잠재적인 위험은 경쟁업체가 결국 해자를 뚫을 방법을 찾을지도 모른다는 것이다. 높은 이익률을 달성할 수 있는 시장에서는 경쟁업체들이 최대한의 노력을 기울여 그 성공의 일부를 차지하려 할 것이 당연하다. 따라서 퀄리티 기업들은 경계를 늦추지 않아야 하며 더욱 신중해야 한다.

또 다른 위험은 항상 존재하는 '파괴적 혁신'이다. 이는 퀄리티 기업뿐만 아니라 모든 기업에 당연히 적용된다. 기업이 많은 것을 올바르게 할 수는 있지만, 기존 제품을 대체할 수 있는 예상치 못한(적어도 해당 기업에게는) 새로운 기술이 개발되면 그 영향은 치명적일 수 있다. 안타깝게도 어떤 업종이 언제 어떻게 혁신의 영향을 받게 될지 예측하는 것은 불가능하다. 유일한 해결책은 파괴적 혁신의 영향을 덜 받는 제품이나 서비스를 제공하는 기업과 업종에 최대한 집중하는 것이다.

예를 들어 에어비앤비Airbnb 같은 회사가 새로운 획기적인 기술 개발로 인해 사라질 수 있다는 것은 믿기지 않는 일이다. 나이키NIKE 같은 회사의 경우에는 그럴 가능성이 더 희박해 보인다. 나는 획기적인 기술이 단기간에 운동화를 쓸모없게 만들 것이라고는 상상하기 어렵다(이 첨단기술 시대에 나는 더 이상 아무것에도 놀라지 않는다).

그리고 다시 한 번 강조해야 할 것은 퀄리티 기업에 대한 '높은 가격'이다. 회사가 계속해서 뛰어난 성과를 내는 한, 프리미엄은 정당화된다. 따라서 이를 당장의 위협으로는 생각하지 않는다. 하지만 앞서 언급한 위험 중 하나가 현실화되면 위험해진다. 기업이 경쟁우위를 잃거나 새로운 기술의 파괴적인 힘에 영향을 받는 경우, 퀄리티 투자자는 2가지 측면에서 타격을 입게 된다. 한편으로는 수익성이 감소하고 다른 한편으로는 멀티플이 하락하는 것이다.

투자자는 퀄리티 기업의 우수한 운영 성과에 대해 상당한 프리미엄을 지불하고 있다는 점을 항상 기억해야 한다. 수익성 감소와 멀티플 하락은 이중으로 작용해 투자자에게 영구적인 자본손실을 초래할 수 있다.

적정한 가격으로 최고의 퀄리티를 확보하라

나는 퀄리티 투자를 강력히 지지하고 이를 추천하지만, 이것이 성공의 유일한 길이라고 주장하는 것은 아니다. 투자에는 다양한 스타일이 있다. 또 각각의 스타일마다 우수한 수익률을 달성할 수 있는 방법이 있다.

성공적인 투자는
단순히 우수한 수익률만 달성하는 것이 아니다.
리스크에 대한 관리도 그에 못지않게 중요하다.

퀄리티 투자는 리스크 관리가 전략에 내재되어 있다는 장점이 있다. 결국 흠잡을 데 없는 재무건전성, 지속적인 경쟁우위, 불황에 대한 회복력은 매력적인 수익을 약속할 뿐만 아니라 리스크를 억제하는 데도 기여하는 특징이다.

성장주 투자의 경우처럼 아직 입증되지 않은 기업에 집중한다는 것은, 여전히 실현되지 않은 잠재적 성공에만 의존한다는 것을 의미한다. 특히 이런 기업들 중 상당수는 수익성 부족으로 인해 재정적으로 자립할 수 없어 여러 가지 문제가 발생할 수 있다.

가치투자의 경우에는 기업과 관련된 리스크 및 현재 상황에 대한 철저한 이해가 필요하다. 저평가된 기업은 대개 이유가 있기 마련이다. 하지만 그것이 저평가 때문인지 아니면 구조적인 문제 때문인지 판단하기란 항상 쉬운 일이 아니다. 이를 정확히 파악하지 못하면, 포트폴리오에 값싼 종목만 모아서 더 값어치 없게 만드는 어처구니없는 결과를 초래할 수도 있다.

반면 퀄리티 투자는 실적이 매우 우수하고 재무 상태가 양호한 기업에만 집중하기 때문에 돌발변수가 발생할 가능성을 줄인다. 그리고 이런 특성으로 인해 퀄리티 투자는, 초심자에게도 접근하기 쉬운 '투자의 바람직한 출발점'이 될 수 있다.

하지만 우리 모두는 알고 있다. 투자스타일을 온전히 자신의 것으로 만들기 위해서는 반드시 필요한 게 있다는 것을 말이다. 그것은 '연습'과 '인내'다. 배우기는 쉽지만 제대로 실행하기는 어렵다.

그리고 퀄리티 투자를 기본으로 하고 가치투자 요소와 성장주 투자 요소를 추가하면, 다양한 스타일의 장점이 혼합되어 아주 매력적인 것이 될 수도 있다. 개별 종목에 장기 투자하는 최적의 방안으로 말이다. 그러나 이런 기회는 현실에서 거의 나타나지 않는다.

일반적인 시장 상황에서는 퀄리티 기업을 저렴하게 인수하는 것은 거의 불가능하다. 저렴한 가격에 퀄리티 주식을 매수하는 것은 보통 회사에 문제가 있을 때만 가능하다. 이런 경우 문제가 일시적인 것인지 아니면 영구적인 것인지 평가해야 한다. 시장의 인식이 잘못된 경우, 이런 순간은 민첩한 퀄리티 투자자에게 기회가 된다.

퀄리티 주식을 다소 저렴하게 매수할 수 있는 유일한 기회는, 가끔씩 찾아오는 맹목적인 패닉의 순간이다. 2008년의 금융위기나 2020년 3월 코로나19 사태가 시작될 때를 생각해 보라. 이런 시기에 시장의 흐름을 거스르고 성장하고 있는 우수한 기업을 매력적인 가격에 매수하는 것보다 투자자에게 더 큰 보람을 주는 일이 있을까? 이런 투자에 성공해 시간을 내 편으로 만든다면, 투자자는 아주 유리한 위치를 점하게 된다. 이는 조금 과장되게 표현한다면 잠재적인 금광을 캐는 것과 같다고 할 수 있다.

퀄리티 기업을 저렴한 가격에 인수하는 것은 '완벽한 계획'처럼 들리지만, 이런 전략을 세우기에 현실적 상황은 너무 드물게 발생한다. 가끔 꿈을 꿀 수는 있다. 그렇지만 만약, 아주 드물게라도 그런 기회가 찾아온다면, 주저하지 않고 그 기회를 잡아야 한다. 이때는 완벽한 계획이 필요 없다. 재정목표를 달성할 수 있고, 나아가 지속가능한 '좋은 계획'은 성공할 가능성이 더 높다.

'좋은 계획'을 망치는 최대의 적은
'완벽한 계획'을 만들려는 꿈이다.

– 칼 폰 클라우제비츠

퀄리티 주식을 합리적인 가격에 매수하는 것은 좋은 결과를 달성하기 위한 충분조건이다. 이는 이 책의 기본 철학이기도 하다.

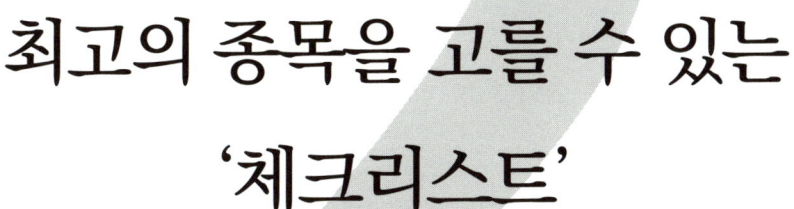

2

최고의 종목을 고를 수 있는
'체크리스트'

잡초 뽑기

이제 퀄리티 투자가 어떤 것이고, 어디에서 비롯되며, 이 전략의 장단점이 무엇인지 알았다. 그럼 어떻게 하면 퀄리티 특성이 뚜렷한 기업을 직접 선택할 수 있을까? 퀄리티를 인식하는 방법을 배우는 것이 이 책의 핵심이다. 그리고 적합한 후보군을 선정하는 과정을 단계적으로 논의할 것이다.

그러나 진도를 나가기 전에 '퀄리티'가 정확히 무엇인지 결정해야 한다. 나는 퀄리티를 '좋은 정도' 또는 '특정 기준을 충족하는 정도'라고 정의한다. 퀄리티는 모호한 개념이며 모든 사람에게 동일한 의미를 갖지는 않는다. 퀄리티를 평가하는 사람이 설정한 요구사항에 따라 달라지므로 퀄리티에 대한 정의는 해석의 여지가 있다.

이는 '퀄리티 투자'에도 똑같이 적용된다. 몇 가지 기본 요소가 투자스타일의 기초를 형성하지만, 모든 투자자가 퀄리티 투자를 정의하는 데 정확히 동일한 기준을 사용하는 것은 아니다.

이번 장에서는 내가 개발한 체크리스트를 통해 스타일을 해석하는 방법을 공개한다. 왜 체크리스트일까? 단순화하는 효과가 있기 때문이다. 체크리스트는 항상 같은 방식으로 업무를 진행하도록 돕는다. 그리고 무엇보다도 무언가를 잊어버려 큰 비용을 초래하는 실수를 방지해 준다. 체크리스트를 따르면 그냥 기억하는 것보다 업무실 행에 집중할 수 있도록 도와준다.

여기 나와 있는 13가지 체크리스트는 이 책의 핵심이며, 여러 가지 를 종합해 퀄리티 특성을 가진 회사를 식별할 수 있는 일련의 기준으 로 구성되어 있다.

퀄리티는 매우 상대적이기 때문에 증거나 정당성을 뒷받침할 수 있을 때만 가치가 있다. 이 책에서 내가 의도하고자 하는 바는, 바로 이런 목표를 달성하는 동시에 여러분이 퀄리티 투자에 대한 자신만 의 정의를 발견하는 데 도움이 되는 도구를 제공하는 것이다.

그리고 이 체크리스트란 것은, 내가 보기에 전략의 본질을 명확하 게 포착하는 프레임워크를 만들어, 여러분이 실천에 옮길 수 있도록 돕는 것이기도 하다. 체크리스트에 따르면, 잠재적인 투자대상이 크 게 줄어들고 최고의 투자 종목만 남길 수 있다는 것을 알게 될 것이 다. 한마디로 '잡초 뽑기'다.

장기적인 전략에 부합하지 않는 수천 개의 평범한 회사를 일일이 살펴볼 필요가 없다고 한번 상상해 보라. 평범한 기업에 투자하면서 매수와 매도 타이밍을 잡기위해 스트레스를 받지 않아도 된다고 상 상해 보라. 유망한 제품을 선보였지만 실적이 없는 기업, 경기 상승의 수혜만을 기다리는 기업, 턴어라운드가 임박했다고 주장만 하는 기 업 등등을 이리저리 쫓아다니며 조사할 필요가 없다는 것은 나에게 큰 해방감을 준다.

기업이 지속적으로 강력한 실적을 보여주지 못한다면, 현명한 투 자자는 자신 있게 해당 주식을 처분하고 다음 후보로 넘어갈 수 있다.

뒤돌아볼 필요도 없다.

선택의 폭이 좁아지더라도 흥미로운 기업은 항상 존재한다. 따라서 투자에 대한 관점이 달라진다. 일단 이웃이나 친척 등 가까운 사람들의 '조언'에 고민할 필요가 없게 될 것이다. 또 매스컴에서 소위 전문가들이 쏟아내는 '꿀팁' 같은 것에 유혹을 덜 받게 될 것이다. 몇 가지 간단한 체크리스트만 있으면 해당 투자 팁이 조사할 가치가 있는지 아니면 즉시 무시해도 되는지 빠르게 판단할 수 있다. 그리고 여러분의 모든 시간과 에너지를, 체크리스트가 궁극적으로 안내하는 소수의 우수 기업에만 집중하면 된다.

한편 장기 투자자들 사이에서도 주식의 가격을 먼저 살펴본 다음 해당 기업을 소유할지 여부를 결정하는 것이 일반적이라고 생각하는 경우가 많다. 퀄리티 투자자는 그 반대다. 출발점은 기업의 퀄리티이며, 그다음에야 그 주식에 얼마를 지불할 의사가 있는지 결정한다.

반드시 체크해봐야 할 13가지 기준

체크리스트는 13가지의 개별 기준으로 구성되며, 이는 정성적 기준과 정량적 기준이라는 두 범주로 구분된다.

정성적 기준은 주관적인 성격을 가진 기준이다. 이런 기준 중 일부는 정량적 기준과 달리 명시적으로 드러나는 단서를 찾기가 힘들다. 정성적 기준에서는 경험과 해석이 중요한 역할을 하므로 현명한 판단이 필요하다.

정량적 기준은 기업의 재무보고서에서 찾을 수 있는 숫자를 기준으로 한다. 이 데이터는 기업이 과거에 어떻게 성과를 냈는지를 보여주는 증거가 된다. 또 우리가 찾고 있는 일정한 특성을 판단하는 데 도움을 준다. 때론 이 숫자를 통해 기업에서 가치 있게 여기는 특정 요소들이 확인되는 경우도 있다.

체크리스트 13가지 기준에 대한 세부사항은 이어지는 장들에서 본격적으로 다루게 될 것이다. 여기서는 일단 주요 내용부터 간단히 살펴보도록 하자.

체크 1 : 이해하기 쉬운 비즈니스 모델을 가진 회사인가?

'이해하기 쉬운지 여부'는 지극히 주관적인 기준이다. 이는 퀄리티와는 무관하기 때문에 다소 엉뚱한 기준으로 보일 수 있다. 그럼에도 이 항목부터 시작하는 이유는, 정확한 평가를 위해서는 비즈니스나 업종이 어떻게 운영되는지 이해하는 것이 아주 중요하기 때문이다.

이는 매우 주관적이며 투자자의 배경, 경험, 관심 분야에 따라 크게 달라질 수 있다. 만약, 기업의 비즈니스 모델을 파악하는 데 어려움을 겪는다면, 바로 다음 후보로 넘어가는 것이 좋다. 결국 기업이 어떻게 수익을 창출하는지 이해되지 않는다면 실적, 전망, 경영진의 의견 등을 해석하는 것은 매우 어려운 일이 될 것이기 때문이다.

체크 2 : 전 세계를 대상으로 한 다양한 고객층을 갖고 있는가?

다음은 '다각화의 중요성'이다. 나는 우리가 투자하는 기업이 전 세계를 상대로 운영되고 다양한 고객층을 확보하기를 기대한다. 만약 소수의 주요 고객에게만 의존하거나 특정 지역에만 노출된다면,

취약하다는 의미로 본다.

체크 3 : 성장 가능성이 있는 회사인가?

세 번째 기준은 기업이 활용할 수 있는 '다양한 성장 기회'에 관한 것이다. 나는 '성장'이 퀄리티 투자에 있어 필수불가결한 요소라고 생각한다. 성장은 높은 투하자본이익률과 결합될 때 강력한 조합을 이룬다.

성장의 형태와 방식은 다양하다. 가령 고령화 및 도시화와 같은 구조적 트렌드에서도 인사이트를 얻을 수 있다. 수년, 때로는 수십 년 동안 지속될 수 있는 잠재적 성장 기회를 말이다.

체크 4 : 지속가능한 경쟁우위를 갖췄는가?

이어서 '지속가능한 경쟁우위'를 고려해야 한다. 소위 '해자'라고 불리는 경쟁우위와 그 지속가능성은 퀄리티 투자에 필수적이며 전략의 핵심을 구성한다.

해자는 기업이 평균 이상의 수익성을 달성할 수 있도록 보장한다. 또 해자의 강도에 따라 회사가 계속 그렇게 할 수 있는지 여부가 결정된다. 경쟁우위가 약화되는 것만큼 퀄리티를 위태롭게 하는 것은 없다.

체크 5 : 가격결정력을 갖고 있는가?

지속가능한 경쟁우위는 때때로 높은 수준의 가격결정력으로 이어진다. 가격결정력은 회사가 고객을 잃지 않고 가격을 얼마나 인상할 수 있는지를 결정한다. 이는 즉각적인 투자 없이도 성장을 창출하고 즉시 수익에 반영된다. 따라서 가격결정력은 회사가 가질 수 있는 가장 가치 있는 속성 중 하나다.

체크 6 : 선도적인 시장 지위를 가진 회사인가?

다음은 '선도적인 시장 지위'의 이점에 관한 것이다. 시장을 선도하는 기업은 다양한 영역에서 우위를 점하게 된다. 유능한 경영진은 이런 강점을 활용해 선두의 자리를 더욱 공고히 하거나 사업영역을 확장하기도 한다.

체크 7 : 유능한 경영진을 보유하고 있는가?

따라서 '유능한 경영진'이 이어지는 주제다. 어떤 회사는 제품이 너무 강력해서 사실상 '스스로 판매'되는 경우도 있다. 하지만 계속해서 뛰어난 성과를 내기 위해서는 혁신이 필요하다. 이 과정에서 경영진은 중요한 역할을 한다.

나는 강력한 제품과 효과적인 거버넌스는 궁극적으로 함께 가야 한다고 생각한다. 또 경영진은 퀄리티 기업이 매년 벌어들이는 막대한 현금을 책임감 있게 배분하는 중요한 과제를 맡게 된다.

체크 8 : 경기 침체에도 좋은 성과를 낼 수 있는가?

다음은 '경기 침체에 강한 기업'에 관한 것이다. 경기변동성은 기업을 예측할 수 없게 만들며, 이는 퀄리티 투자자들이 싫어하는 특징이다.

그렇다고 경기 변동의 영향권에 있는 기업들을 포트폴리오에서 완전히 제거하는 것은 비현실적일 수 있다(거의 모든 기업이 어느 정도의 경기변동성을 경험한다). 하지만 노출을 최소화하는 조치는 취할 수 있다. 따라서 경기 침체기에도 좋은 성과를 낼 수 있는지 여부는 아주 중요하다.

체크 9 : '기술 혁신'에 영향을 덜 받는 회사인가?

기술 혁신에 따른 급격한 변화는 종종 파괴적인 결과를 초래한다. 심지어 세계 최고의 기업도 무릎을 꿇게 만들 수 있다. 혁신은 다양한 분야에서 나타날 수 있지만 특정 업종이 다른 업종보다 더 취약할 수 있다.

퀄리티 투자자는 시장의 혼란이 발생하기 쉬운 업종은 되도록 피해야 한다. 따라서 '퀄리티 투자자의 가장 큰 적'으로 간주되는 파괴적 혁신과 관련해 해당 기업이 여기에 얼마나 취약한지를 제대로 평가해야 한다.

체크 10 : 수년간 매출과 이익이 성장하고 있는가?

지금부터는 정량적 기준이다. 처음에는 '숫자'를 분석하는 것이 어렵게 느껴질 수 있지만, 익숙해지면 정량적 분석이 퀄리티 투자의 가장 단순한 부분임을 알게 될 것이다.

숫자는 회사가 과거에 어떤 성과를 거두었는지에 대한 확실한 증거다. 정성적 기준은 현명한 판단이 필요하지만, 정량적 기준을 평가하는 것은 숫자를 정확하게 읽는 것이 중요하다.

정량적 기준은 회사의 손익계산서를 살펴보는 것으로 시작된다. 우수한 기업은 견고한 매출 성장의 길을 걷는다. 과거 수치를 사용해 검토 중인 회사가 여기에 해당하는지 여부를 쉽게 평가할 수 있다. 이익 성장은 적어도 같은 기간 동안의 매출 성장을 따라가야 한다. 이상적으로는 이익 성장이 매출 성장을 능가해야 한다.

체크 11 : 이익의 대부분이 잉여현금흐름으로 전환되고 있는가?

그다음은 현금흐름표다. 여기서 발견되는 데이터를 검토해 회사가 현금을 얼마나 잘 창출하는지 분석한다.

퀄리티 투자자로서 목표는 매년 이익의 상당 부분이 잉여현금흐름으로 전환되는 것을 확인하는 것이다. 잉여현금흐름은 회사가 실제로 사용할 수 있는 현금이다.

체크 12 : 투하자본이익률은 높은가?

고려해야 할 또 다른 사항은 회사가 투자한 자본에 대해 얼마나 많은 이익을 달성했는지 여부다. 이때는 손익계산서와 재무상태표가 모두 필요하다. 투하자본이익률(ROIC)은 아마도 퀄리티 투자자가 활용할 수 있는 가장 유익한 지표일 것이다.

회사는 무한한 양의 자본을 투입해 성장할 수 있지만, 그것이 반드시 가치 창출을 의미하는 것은 아니다. ROIC는 회사가 자본을 얼마나 효율적으로 배치하는지, 또 특정 성장률을 달성하기 위해서는 어느 정도의 자본이 필요한지 보여준다.

체크 13 : 재무상태표는 건전한가?

마지막으로 재무상태표, 손익계산서, 현금흐름표를 모두 고려해 회사의 재무 상태에 중점을 둔다.

회사가 부채를 책임감 있게 활용한다면 문제가 없지만, 부채가 제한 없이 사용된다면 심각한 문제를 야기할 수 있다. 퀄리티 투자자는 과도한 부채에 시달리는 기업을 피해야 한다.

이 13가지 기준은, 가장 좋은 투자전략으로 고려할 수 있는
'최고의 기업'을 선별하는 데 도움을 준다.

이 체크리스트를 사용해 선택한 회사의 경우 주가가 단기적으로 어떻게 될지 알 수는 없다. 하지만 이 회사들이 퀄리티 기업이라는 점은 단언컨대 확신할 수 있다. 그리고 궁극적으로 주가는 비즈니스의 성과를 따른다.

'숫자'와 '스토리'

이 13가지 기준 가운데 어떤 것이 가장 중요한지 가끔 질문을 받곤 한다. 사람들은 숫자가 모든 것을 말해주기 때문에 정성적인 기준은 불필요하다고 말한다. 또 다른 사람들은 '스토리'가 중요하고 '숫자'는 결국 따라올 것이라고 주장한다. 나는 둘 다 동의하지 않는다.

퀄리티 투자자로서 나는 이 2가지가 서로 보완한다고 생각한다. 유망한 스토리만으로는 충분하지 않으며, 숫자가 그 스토리를 뒷받침해야 한다.

숫자는 과거 성과에 대한 확실한 증거이며 분석을 시작하기 위한 토대를 형성한다. 기업은 스토리가 강력한 성과로 이어진다는 것을 입증해야 한다. 그래야만 퀄리티 투자자의 관심을 끌 수 있다(물론 이런 방식으로 투자를 하다보면 '잠재적 승자를 조기에 발견함으로써 얻을 수 있는 특별한 수익'은 놓칠 수 있다. 하지만 숫자는 큰 손실이 발생할 수 있는 위험을 완화하는 데 확실히 도움이 된다).

그러나 숫자는 과거의 사실은 알려주지만 경쟁우위의 지속가능성을 비롯해 경영진의 역량, 시장 혼란에 따른 영향 등에 대한 각종 정보는 제공하지 않는다. 정성적 기준은 이런 측면에 초점을 맞춘다.

정성적 기준과 정량적 기준은 함께 강력한 기반을 형성하여 서로 균형을 유지한다. 그리고 둘 다 필수적이다. 새에게 어느 쪽 날개가 더 중요한지 묻지 않는다. 새가 날기 위해서는 양쪽 날개가 다 필요하다. 퀄리티 투자에도 같은 원칙이 적용된다. 투자 대상 기업이 최고 퀄리티로 인정받으려면 질적 기준과 양적 기준이 모두 충족되어야 한다.

단순하고 기본적인 아이디어를 가지고, 진지하게 생각하라

이번 장의 서두에서 분명히 밝혔듯이 퀄리티 투자는 해석의 여지가 있다. 앞으로 강조하는 기준은 일종의 제안과도 같은 것이다. 이는 알맹이와 쭉정이를 구분하게 해주고, 평범한 회사에 현혹되지 않도록 도와준다. 여기서 제시한 체크리스트는 자유롭게 보완하거나 축소할 수도 있다.

퀄리티 투자라는 개념이나 내가 해석하는 방식이 너무 엄격하다고 생각하는 분들도 있다. 하지만 그렇게 비판적인 관점을 가진 분들에게도 이 기준들은 개별적으로 의미가 있다. 다만, 모든 기준을 함께 사용할 때만 종합적인 전체를 형성할 수 있다. 그 전체가 바로 온전한 퀄리티 투자라고 나는 생각한다.

전략의 핵심은 간단하다. 최고에만 투자하는 것이다. 하지만 이 전략을 실행하려면 조금 더 많은 노력이 필요하다. 정확성, 판단력, 인내심이 필요하다. 찰리 멍거는 "단순하고 기본적인 아이디어를 가지고, 진지하게 생각하라"고 조언한 바 있다. 이것이 바로 퀄리티 투자가 지향하는 것이다. 단순한 아이디어를 가지고, 철저한 조사를 통해, 그 아이디어를 진지하게 받아들여라!

책을 읽다 보면 이런 점이 보다 명확해질 것이다. 최고의 퀄리티를 추구하는 것은, 집중적이고 시간이 많이 걸리는 일이지만 보람 있는 과정이다. 그리고 일반적인 투자자가 하는 것보다 더 깊이 들어가야 한다. 그렇다고 좌절할 필요는 없다. 결국 퀄리티 투자의 전제는, 적합한 종목을 찾으면 수년간 또는 장기간 보유한다는 것이다. 퀄리티 기업을 보유하기에 가장 이상적인 기간은 '영원'이다. 따라서 지금 당장에 많은 노력이 필요한 이 일은, 이후 풍성한 결실로 보답을 받게 될 것이다.

흥미로운 대목은 퀄리티 투자자의 경우 이와 같은 심층적인 조사를 통해 기업에 대해 보다 잘 알게 된다는 점이다. 비즈니스 모델과 제품에 대한 심층적인 지식은 기업과 해당 업종의 향후 발전 가능성을 평가하는 데 당연히 도움이 된다.

이 책에서 제공하는 분석도구를 활용하면, 많은 주식에 대해 조금 아는 대신 중요한 소수의 주식에 대해 더 많은 것을 알게 될 것이다. 그리고 그것은 결과적으로 확연한 차이를 만들어낼 것이다.

종목검색 사이트 활용법

좋은 종목을 찾기 위해 주식시장을 샅샅이 뒤지고 있다면 핀챗 Finchat.io에서 제공하는 스크리너를 사용하는 것을 추천한다. 이 과정을 통해 불필요한 작업을 상당 부분 줄일 수 있다.

이 스크리너를 사용하면 선택한 매개변수를 기반으로 특정 조건을 충족하는 주식을 찾을 수 있다. 정량적 기준을 사용해 매개변수를 설정하고 주식을 선택하면 된다. 핀챗의 도움으로 수천 개의 회사를 배제하고 잠재적 퀄리티 기업으로 검색 범위를 좁히는 일은 놀라울 정도로 쉽다. 그리고 재무적 기준에 부합하지 않는 기업은 즉시 제외할 수 있다. 몇 번의 클릭만으로 검색 필드가 크게 줄어들어 중요한 기업에 집중할 수 있다.

나머지는 선정된 기업들 중에서 정성적 기준을 적용하면 된다. 여기서부터 본격적인 분석이 시작된다.

연습이 완벽을 만든다

처음 몇 번은 리서치를 수행하는 데 어려움이 있을 수 있다. 처음에는 인터넷을 검색하고, 기사를 읽고, 그리고 사업보고서를 살펴보는 것으로 시작하게 될 것이다. 하지만 어디를 봐야 할지 정확히 알지 못할 수도 있고, 사업보고서 같은 것을 열어보는 것이 부담스러울 수도 있다.

특히 사업보고서의 경우 풍부한 정보가 담겨 있다. 사업보고서를 자세히 살펴보면 상당한 이점을 얻을 수 있다. 그럼에도 사업보고서를 꼼꼼히 살펴보는 투자자는 거의 없다. 스티븐 클래펌Stephen Clapham의 『넥스트 레벨The Smart Money Method』에 보면 구체적인 사례가 나온다. 2013년 제너럴일렉트릭GE의 경우 당시 200만 명의 개인 주주가 있었음에도 불구하고 그해 회사 웹사이트에서 사업보고서를 다운로드한 횟수가 겨우 800회에 불과했다. 물론 다른 경로를 통해 사업보고서를 확인하는 경우도 있겠지만, 사업보고서를 검토하는 횟수가 이 정도 수준이라니 그저 놀라울 따름이다.

이렇듯 대부분의 개인 주주들은 사업보고서를 읽지 않는다. 따라서 사업보고서를 읽는 투자자와는 큰 차이가 생길 수 밖에 없다. 사업보고서에는 투자에 도움이 되는 주요 정보가 많이 포함되어 있다. 그리고 사업보고서를 자주 접하다보면 중요한 정보를 어디에서 찾아야 하는지 더 빨리 알게 될 것이다.

사업보고서 외에도 온라인에는 많은 정보가 있다. 쉽게 이용할 수 있는 정보를 유용하게 활용할 수 있어야 한다. 그리고 몇몇 기업을 대상으로 이런 과정을 여러 번 반복하자. 불가피하게 발생할 수 있는 실수를 통해 경험을 쌓고, 이를 학습해 점점 더 나아져야 한다.

현명한 판단은 경험에서 나오고,

경험은 그릇된 판단에서 나온다.

– 커 L. 화이트

연습이 완벽을 만든다. 이렇게 반복하다보면 경쟁우위를 인식하고 평가하는 데 더 능숙해지고, 기업의 성장잠재력에 대해 더 나은 판단을 내리며, 파괴적 혁신을 더 빨리 파악할 수 있게 될 것이다.

체크리스트를 반복적으로 검토하다 보면 기업과 업종에 대해 알아야 할 사항들을 빠르게 탐색할 수 있게 돼 후속조사에도 도움이 된다. 또한 이런 과정을 통해 보다 나은 투자자로 계속 성장할 수 있다.

가치평가 및 포트폴리오

이어지는 다음 장들에서는 체크리스트에 대해 본격적으로 다루게 될 것이다. 그리고 성공적인 투자의 또 다른 중요한 측면인 '기업가치 평가'에 대해서도 살펴볼 것이다.

퀄리티는 프리미엄을 정당화한다. 이는 수학적으로 설명할 수 있으며, 기업가치와 밀접하게 연관되어 있다. 좋은 결과를 얻으려면 이

2가지 요소, 즉 퀄리티와 프리미엄이 균형을 이루어야 한다.

이 책의 마지막에 다룰 내용은, 체크리스트를 사용해 직접 포트폴리오를 구성하는 방법과 그렇게 만들어진 포트폴리오에 대한 관리다. 어떤 업종을 미리 제외할 수 있는지, 이상적인 매수 시점이 있는지도 살펴볼 것이다. 그리고 몇 개의 종목으로 포트폴리오를 구성하는 것이 이상적인지에 대한 아이디어를 제공할 것이다. 또 언제 매도를 고려해야 하는지, 포트폴리오를 유지하기 위해 어떤 조치가 필요한지도 알아볼 것이다.

이 책을 읽고 나면 우수한 기업과 평범한 기업을 뚜렷이 구분해 균형 잡힌 포트폴리오를 구성하고 모니터링하는 데 필요한 것이 무엇인지 이해할 수 있게 될 것이다. 따라서 혼자서 투자를 시작하는 데 방해가 되는 것은 이제 아무것도 없게 될 것이다.

'퀄리티 기업' 체크리스트

정성적 기준

퀄리티 기업은

- ☑ 이해하기 쉽다.
- ☑ 전 세계적으로 운영되며 다양한 고객층을 확보하고 있다.
- ☑ 성장 가능성이 있다.
- ☑ 지속가능한 경쟁우위를 확보하고 있다.
- ☑ 가격결정력을 가지고 있다.
- ☑ 선도적인 시장 지위를 누린다.
- ☑ 유능한 경영진이 있다.
- ☑ 경기 침체에도 강하다.
- ☑ 기술 혁신에 영향을 받지 않는다.

정량적 기준

퀄리티 기업은

- ☑ 수년간 매출과 이익이 성장했다.
- ☑ 이익의 대부분을 잉여현금흐름으로 전환한다.
- ☑ 높은 투하자본이익률을 창출한다.
- ☑ 건전한 재무상태표를 가지고 있다.

3

정성적 기준

: '숫자'가 말해주지 않는 것들

1. 이해하기 쉬운 비즈니스 모델을 가진 회사인가?

열 살짜리 아이 앞에서 한번 설명해 보라

일상적인 종목 검색을 하던 중 당시에는 잘 알려지지 않았던 미국의 핀테크[1] 회사인 잭 헨리 앤 어소시에이츠Jack Henry & Associates를 발견한 적이 있다. 실적을 간단히 살펴본 후 회사는 내가 제시한 재무적 기준을 충족했기에 관심목록에 넣어두었다.

이 회사는 수년간 꾸준한 매출 성장과 지속적으로 높고 안정적인 이익률을 기록했다. 이익의 대부분이 현금흐름으로 전환되었고, 성장에 많은 자본이 필요하지 않았으며, 부채도 없었다. 요컨대 이 안정적이고 퀄리티 높은 성장기업은 인상적인 펀더멘털을 보여주었다.

한때는 주가가 조정을 받았는데, 숫자상으로는 이 회사가 잠재적으로 유망한 투자 기회로 보였다. 그래서 나는 사업보고서들을 자세히 살펴보기로 했다. 하지만 뜻대로 되지 않았다. 이 회사의 제품과

---

1 핀테크(FinTech)는 금융(Finance)과 기술(Technology)의 합성어다. 금융서비스와 혁신 기술이 결합한 것을 일컫는다.

비즈니스 모델을 이해하려고 여러 번 시도했지만 결국에는 포기하고 말았다.

회사가 어떻게 돈을 버는지 이해하지 못했고, 회사가 어떻게 운영되는지 나 스스로 간략하게 설명할 수 없었기 때문이다(만약 열 살짜리 아이에게 설명할 수 있다면, 그제서야 회사의 비즈니스 모델을 제대로 이해했다고 볼 수 있다). 사업보고서에 충분히 설명되어 있음에도 불구하고 제품을 이해하지 못한 나 자신이 실망스러워질 정도였다.

나는 사업보고서를 옆으로 밀쳐두고 관심목록에서 이 회사를 삭제했다.

숫자로 많은 것을 알 수 있지만, 전부는 아니다

왜 내가 잭 헨리 앤 어소시에이츠를 관심목록에서 지웠는지 궁금할 것이다.

이 회사의 실적은 훌륭했다. 숫자는 거짓말을 하지 않으며 풍부한 정보를 제공한다. 숫자로 회사가 성장하고 있는지, 이익을 내고 있는지, 현금흐름을 창출하고 있는지, 부채를 통제하고 있는지 등을 빠르게 확인할 수 있다. 하지만 숫자가 말해주지 않는 것은 '그 숫자가 어떻게 나왔는가' 하는 것이다. 이것을 이해하기 위해서는 비즈니스 모델을 먼저 이해해야 한다.

나는 잭 헨리 앤 어소시에이츠라는 회사를, 특히 이 회사의 제품을 이해하지 못했다. 그래서 나는 이 종목을 관심 대상에서 제외하기로 결정한 것이다.

이번 장은 일부러 이 사례로 시작했다. 관심 종목이 이 조건을 충족하지 않는다면 더 이상 귀중한 시간을 낭비할 필요가 없다.

나는 이해하는 것에만 투자한다.

이 점에 대해 시중에는 이미 많은 조언들이 나와 있다. 경험이 많은 투자자라면 대부분 자신이 이해할 수 있는 분야에만 투자하는 것이 좋다는 것을 인정할 것이다. 항상 자신의 '능력범위' 내에 머물러야 한다. 성공한 투자자인 모니시 파브라이Mohnish Pabrai는 이렇게 요약한다. "나는 먼저 회사가 무슨 일을 하는지 전반적으로 이해하려고 노력한다. 처음 30분 안에 어떻게 돈을 벌고 어떻게 일하는지 파악할 수 없다면, 시간을 낭비하고 있는 것이다. 복잡한 세부사항을 모두 이해하지는 못하더라도 큰 틀에서는 이해할 수 있어야 한다."

파브라이는 회사가 어떻게 운영되는지 이해하는 데 30분 이상 걸리지 않아야 한다는 경험법칙을 가지고 있다. 나도 이 점에 동의한다. 회사가 판매하는 제품이나 서비스를 이해하지 못한다면, 회사의 전망을 어떻게 평가할 수 있을까? 아무리 실적이 인상적이라 할지라도 장기적 맥락 속에서 그런 실적이 지속가능한 것인지 제대로 평가할 수 있을까? 회사의 강점과 약점에 대해 충분히 이해했을 때에만, 여기에 답할 수 있다.

또 시장의 혼란을 초래할 수 있는 이런저런 변수에 이 회사의 제품이나 서비스가 얼마나 민감하게 반응하는지 평가하려면 어떻게 해야 할까? 나는 비즈니스 모델을 이해할 수 있는 회사들도 이런 평가는 쉽지 않다고 느끼고 있다. 그런데 하물며 이해하지도 못한 회사를 정확하게 평가하는 것은 더 말할 것도 없다.

포트폴리오에는 비즈니스 모델을 완전히 이해하지 못하지만 그래도 좋은 성과를 내는 회사가 물론 있을 수 있다. 이 경우 돈을 벌 수는 있겠지만, 이상적이지는 않으므로 피하는 것이 좋다.

솔직히 말하면, 나 역시도 '자신이 이해하는 것에만 투자한다'는 원칙을 어긴 경우가 있었다. 어떤 종목은 회사에 대한 기본적인 지식이 부족한 상태에서 매수하기도 했다. 이럴 때는 죄책감마저 들었다.

예를 들어 해당 분야의 유망한 미래를 예상했기 때문에 투자하기로 결정한 적이 있다. 사이버보안 회사의 경우가 그랬다. 사람들은 점점 더 온라인에서 생활하고 있으며, 최근에는 기존 유형의 범죄(가령 주택에 침입해 절도하는 것과 같은)가 사이버범죄에 그 자리를 내주고 있다는 기사도 읽었다. 의심할 여지없이 전 세계는 이에 대처하는 데 있어 중대한 도전에 직면하게 될 것이다. 사이버범죄는 구조적인 추세이며, 반드시 해결해야 할 문제다. 투자자로서 나는 그 흐름에 동참하고 싶었다. 해당 기업의 실적은 인상적이었고 전망도 좋았다. 하지만 문제는 내가 비즈니스 모델에 대한 지식이 부족하다는 점이었다. 이 기업에 대한 투자 결정을 내리기까지는 고심이 아주 많았다.

결론적으로 말하지만 '자신이 이해하는 것에만 투자한다'는 원칙을 고수하면, 좋은 실적만을 보고 마음이 흔들리는 경우는 확연히 줄어들 것이다. 제품과 비즈니스 모델을 철저히 이해하는 것은 투자에 있어 필수사항이다.

'쉬운 것'과 '어려운 것'은 상대적인 것이다

기업이나 산업을 지금 바로 이해하지 못한다고 해서 앞으로도 계속 그런 상태에 머무르는 것은 아니다. 열심히 노력하면 많은 것을 배우게 되고 새로운 것을 발견할 수 있다.

나는 앞으로 사이버보안 분야에 대해 더 깊이 파고들 계획이다. 보다 많은 정보들을 검토하면서 이 분야에 대한 지식수준을 계속 높여나갈 것이다. 이렇게 함으로써 경쟁이 치열하면서도 매력적인 이 산업을 다시 한 번 살펴볼 것이다.

기업의 수익구조를 '이해한다는 것'은 개인적인 관점과 의견에 기반한다는 점에서 사실 매우 주관적인 기준이다. 내가 IT전문가 앞에서 사이버보안의 다양한 측면이 어떻게 작동되는지에 대해 이런저런 추측을 내놓으면 그는 눈살을 찌푸릴 것이다. 하지만 이 IT전문가도 은행업에 종사하는 담당자들이 나누는 복잡한 금융상품에 대한 이야기를 들으면 '이게 다 무슨 소린가?' 할 것이다.

누구나 자신의 전문 분야가 있다. 그리고 자신만의 전문 분야를 발전시킬 수 있다. 이런 전문 분야는 회사의 실적이 예기치 않게 실망스러울 때 유용하게 사용된다. 그때 당신은 회사 경영진의 설명을 더 잘 이해하고, 필요하다면 적절하게 대응할 수 있다.

전문 분야가 없더라도 '쉽게 이해할 수 있는 기업'에 투자할 수 있는 기회는 많다. 잭 헨리 앤 어소시에이츠와 같은 경우는 많은 사람들이 이 회사의 제품과 관련이 없거나 경험이 없기 때문에 이해하기가 어렵다. 하지만 널리 알려져 있는 회사들도 많이 있다. 나이키는 운동화를 판매하고, 에스티 로더Estée Lauder는 여성을 빛나게 한다. P&G Procter & Gamble는 일상생활에서 우리가 한번 이상 접했을 것이다.

훌륭한 비즈니스 모델이라고 해서 복잡할 필요는 전혀 없다. 오히려 상대적으로 저렴하고 매일 소비되는 단순한 제품이 예측가능하고 반복적인 수익을 제공하는 경우가 더 많다. 그리고 직접 사용하는 제품이나 서비스이기 때문에 평가하기도 더 쉽다.

'확실히 알고 있다'는 잘못된 생각

항상 회사의 여러 부문을 면밀히 살펴봐야 한다. 때로는 단순해 보이는 비즈니스 모델에 숨겨진 복잡성이 있을 수 있다. 이로 인해 처음에 생각했던 것보다 회사를 이해하기가 더 어려울 수 있다. 특히 회사가 어떻게 돈을 버는지 '확실히 알고 있다'고 잘못 생각하면 문제가 된다. 문제는 모르는 것이 아니라 확실히 알고 있다고 잘못 생각하는 것에서 발생한다.

몇 년 전만 해도 미국의 거대 기업 마이크로소프트Microsoft는 윈도우 운영체제, 오피스 프로그램, 엑스박스 게임 부문으로 나에게 친숙한 회사였다. 이 회사가 노트북을 개발하고 몇 가지 중요한 인수를 했다는 사실은 알고 있었지만, 그게 전부였다. 다소 순진한 생각이었지만 그 당시만 해도 마이크로소프트가 그 이상이라는 사실을 깨닫지 못했다.

마이크로소프트는 최근 몇 년 사이 새로운 CEO를 맞아 거듭나고 있었다. 클라우드 부문은 현재 이 소프트웨어 기업을 이끄는 성장동력이다. 주식의 높은 가치는 잘 알려진 윈도우 또는 오피스 서비스가 아닌 바로 클라우드 부문 덕분이다. 물론 '오래된 사업'은 안정적인 현금흐름을 제공하며 마이크로소프트의 새로운 활동을 위한 캐시카우cash cow 역할을 하기는 한다. 하지만 그 이상의 큰 성장을 기대해서는 안 된다.

애널리스트들이 향후 몇 년간 마이크로소프트에 기대하는 인상적인 두 자릿수 성장은 대부분 클라우드 부문에서 이루어질 것이다. 이는 인공지능에 대한 높은 기대와 더불어 투자자들이 주식을 매입하기 위해 현금을 구하려고 하는 주된 이유다.

마이크로소프트에 투자할 계획이라면 '클라우드'에 대한 충분한 지식이 필요하다. 나에게는 새롭고 생소한 사업 부문이었지만, 관련 정보들을 찾아 읽어보고 여기저기 물어보니 이 부문에 대해 더 잘 이해할 수 있게 되었다. 그리고 이 새로운 업무방식은, 활용하지 않으면 안 될 만큼 많은 장점을 제공해준다는 사실 또한 알게 되었다.

사실 기업들 사이에서는 '대전환'이 진행 중이다. 그리고 이런 추세는 이미 시작되었고, 이제 되돌릴 수 없다.

옵션 3가지

다른 사람들이 나보다 더 잘 이해하는 회사는 항상 존재한다. 그것이 문제가 될 이유는 없다. 하지만 올바른 판단을 하려면, 제품과 비즈니스 모델에 대한 충분한 지식이 필요하다. 회사의 운영방식은 잘 모르지만 숫자에 매료되었다면, 다음의 3가지 옵션이 있다.

첫 번째 옵션은, 과거 실적과 다른 사람들의 기대치(회사를 이해하지 못하면 스스로 추정할 수 없으므로)를 바탕으로 주식을 매수하고, 좋은 결과가 있기를 기다리는 것이다. 다만 회사 내 변화하는 운영 상황을 평가할 수 없으므로 결과적으로 주가 변동을 평가하기는 어려울 수 있다.

두 번째 옵션은, 즉시 매도하고 빠져나오는 것이다(내 생각에는 첫 번째 옵션보다 더 나은 선택이다). 여기에는 여러 가지 이유가 있다. 해당 산업을 공부할 시간이 충분하지 않거나 해당 산업이 몰두할 만큼 충분히 매력적이지 않았기 때문이다. 그리고 해당 종목을 관심목록에서 제외하더라도, 바다에는 더 많은 물고기가 있으니까 말이다.

세 번째 옵션은, 회사와 해당 산업에 몰두하는 것이다. 여기에는 노력과 인내가 필요하다. 이 과정에서 사업보고서는 가장 좋은 친구다. 물론 업계 관련 기사들도 도움이 될 수 있다.

스스로에게 몇 가지 질문을 해보자. 회사는 무엇을 판매하는가? 회사가 어떻게 수익을 창출하는지 직접 설명할 수 있는가? 여러 사업부문이 있는데 서로 관련이 있는가? 주로 어느 지역에서 활동하는가? 수익은 여러 사업부문과 지역에서 어떻게 분배되는가? 고객들은 누구이며, 어느 정도나 제품에 의존하고 있는가? 수익은 대부분 일회성인가, 아니면 반복적인가?

철저한 조사를 했음에도 해당 산업이 너무 추상적이거나 마음에 들지 않을 수 있다. 때로는 이런 질문들에 대부분 답할 수 없다는 결론이 나오기도 한다. 이럴 때는 아무리 많은 노력을 기울였더라도 투자에서 발을 빼야 한다.

단순히 많은 시간을 쏟아부었다는 이유만으로 투자에 대한 확신을 갖지 않도록 주의해야 한다. 그렇게 하는 투자자는 소위 매몰비용 오류sunk cost fallacy의 희생양이 될 수 있다[2]. 좋은 사례를 만들 수 없다면 얼마나 많은 시간이 들어갔는지와는 상관없이 과감히 포기하라. 이번 종목은 목록에서 삭제하고 다음 후보로 넘어가는 것이 좋다.

핵심 포인트

- 퀄리티 투자자로서 스스로에게 물어봐야 할 첫 번째 질문은, 회사를 이해하고 있는지 여부다. 만약 이해하지 못했다면, 기업분석에 더 이상 많은 시간을 할애할 필요가 없다. 잘 알고 있는 기업에 대해 정확한 추정을 하는 것만으로도 이미 충분히 어려운 일이기 때문이다.

- '이해'라는 것은 매우 주관적이며, 사람마다 다르다. 때로는 자신이 경험하거나 활동하는 분야와 밀접한 관계가 있다. 하지만 처음에는 이해하지 못했던 회사나 분야를 더 깊이 파고들어 보는 것도 도움이 될 때가 있다. '무언가를 결국 이해하지 못하는 것'과 '그것에 대해 전혀 들어본 적이 없는 것'에는 확연한 차이가

---

2 '매몰비용 오류'는 경제학과 심리학에서 꼽는 대표적인 인지적 오류 가운데 하나다. 상당한 시간, 비용 또는 노력이 투자되었다는 이유만으로 무언가를 지속하는 것은 옳지 않다.

있다. 때로는 약간의 노력이 큰 효과를 발휘하기도 한다.

- 리서치를 마친 후 회사의 비즈니스 모델을 열 살짜리 아이에게 몇 문장으로 설명할 수 있다면, 좋은 출발점에 선 것이다. 만약 열 살짜리 아이에게도 설명할 수 있다면, 회사를 제대로 이해했다고 볼 수 있다. 그리고 이런 경우 회사의 사업에 근본적인 변화가 일어날 때 이를 더 잘 인식할 수 있을 것이다.

- 필수적인 분석과정을 거친 후에도 여전히 이해를 못한다면, 그 회사는 관심목록에서 지우고 다음 후보로 넘어가자. 당신과 맞지 않는 회사에 연연해할 필요가 없다. 글로벌 시장에는 많은 기회가 있다. 당신이 가진 정보를 바탕으로 평가하기 쉬운 회사는 반드시 있기 마련이다.

2. 전 세계를 대상으로 한 다양한 고객층을 갖고 있는가?

리스크 관리가 중요하다

위험을 피하는 것은 수익을 창출하는 것만큼이나, 어쩌면 그보다 더 중요한 일이다. 위험은 손실로 이어질 수 있다. 투자자들이 평균 이하의 수익률보다 더 싫어하는 것이 있다면 바로 손실이다.

패배했을 때 느끼는 부정적인 감정이, 승리했을 때 느끼는 기쁨보다 훨씬 더 강하다는 사실을 알고 있는가? 심리학자 대니얼 카너먼 Daniel Kahneman에 따르면 최대 2.5배까지 더 강력할 수 있다고 한다. 따라서 리스크 관리는 성공투자의 필수요소다.

> 리스크란 어떤 결과가 발생할지,
> 그리고 불리한 결과가 발생할 때
> 손실 가능성은 어느 정도인지에 대한 불확실성을 의미한다.
>
> - 하워드 막스

퀄리티 투자자는 불확실성을 최소화하는 것을 목표로 한다. 이는 다양한 방법으로 달성할 수 있지만, 대부분의 경우 주가 상승 가능성을 어느 정도 희생해야 한다. 물론 이런 사실을 달가워하는 사람은 거의 없다. 투자자는 항상 시장보다 나은 수익률을 추구한다. 만약 그렇지 않다면, 인덱스펀드로도 이미 충분할 것이다. 종목 선택의 수고 또한 하지 않아도 되고 말이다.

시장에서는 위험 감수 정도에 관계없이 그저 높은 수익률에 환호하는 경우가 많다. 하지만 달성한 수익률은, 사실 투자의 일부분에 불과하다. 해당 수익률을 달성하기 위해 얼마나 많은 위험을 감수했는지 보이지 않는 나머지 절반도 함께 살펴봐야 한다.

샤프지수Sharpe Ratio와 소르티노지수Sortino Ratio처럼 감수한 위험을 측정할 수 있는 도구가 있지만, 이 역시도 미래의 잠재적 손실에 대해서는 거의 알려주지 않는다. 따라서 위험을 제대로 측정하기란 쉽지 않다. 이때 대안으로 고려할 수 있는 것이 위험조정수익률risk-adjusted returns이다. 위험조정수익률은 성과가 화려하게 보일 수 있는 수익률은 아니지만, 손실 가능성은 줄여주는 측정도구다.

이 책에서 소개하고 있는 체크리스트 13가지 기준 가운데 일부는 수익 창출에 주목하는 반면, 또 다른 일부는 리스크 관리에 초점을 맞추고 있다. 이번에 살펴볼 기준은 후자의 범주에 속하며, '다각화'와 관련이 있다.

투자자는 달걀을 한 바구니에 담지 않는다. 포트폴리오는 충분히 분산해야 한다. 비즈니스의 경우도 마찬가지다. 하나의 주요 고객 또는 특정 지역에만 노출되는 것은 바람직하지 않다. 전 세계적으로 활동하며 다양한 고객층을 확보하면, 그만큼 위험을 줄일 수 있다.

지리적 다각화의 효과

전 세계적으로 사업을 운영하는 기업은 여러 지역에 걸쳐 위험을 분산한다. 반면에 특정 지역에서만 활동하는 기업은 그렇지 않다. 특정 지역의 경기 침체는 해당 지역에서만 활동하는 기업에게 더 큰 영향을 미친다.

이를 설명하기 위해 피터 세일런Peter Seilern의 『인생주식 10가지 황금법칙Only the Best Will Do』이라는 훌륭한 책에서 읽은 내용을 바탕으로 가상의 두 회사를 예로 들겠다. 두 회사 모두 같은 업종에 속해 있고 활동도 비슷하다. 먼저, 글로벌Global Inc.이라는 회사의 매출은 미국, 유럽, 아시아에 고르게 분포되어 있다. 반면에 로컬Local Inc.이라는 회사는 아시아에서만 영업을 하고 있다.

지역별 성장률은 각각 미국 2%, 유럽 2%, 아시아 4%다. 로컬의 경우 아시아 지역의 성장 혜택을 가장 잘 누릴 수 있는 위치에 있지만, 만일 이 지역이 경기 침체에 접어들어 경제가 3% 위축되면 로컬도 그 영향을 고스란히 받게 된다. 하지만 글로벌의 경우는 다르다. 지리적 다각화 덕분에 여전히 플러스 성장을 보일 수 있을 것이다. 이처럼 전 세계를 무대로 활동하는 회사는 특정 지역의 상승 잠재력을 일부 희생함으로써 하방 위험에 대한 보호를 강화한다.

전 세계를 무대로 활동하는 기업에 투자하면
간단하게 '지리적 다각화'의 효과를 얻을 수 있다.

물론 특정 지역에서 활동하는 여러 개의 기업을 보유할 수도 있다. 하지만 지리적 다각화와 관련해 포트폴리오의 대부분을 다양한 지역에서 활동하는 기업들로 채우는 것을 고려하는 것이 더 좋다.

투자자 입장에서의 '환리스크'

동전에는 양면이 있다. 이처럼 글로벌 투자에도 '지리적 다각화'라는 한 측면과 '환리스크'라는 또 다른 측면이 있다. 그래서 전 세계를 무대로 활동하는 기업들의 경우 환율변동에 대비해 헤지hedge를 하기도 한다.

여기서는 투자자 입장에서의 환리스크에 대해 따져보겠다. 투자자들 역시 환율변동으로부터 자신을 보호할 수 있는 전략을 마련하지만, 나는 이런 전략이 종종 그만한 가치가 없을 수도 있다고 본다.

한 유럽 투자자가 환율변동으로 좋지 않은 경험을 한 후 유럽 주식에만 투자하기로 결정했다고 공개적으로 말한 적이 있다. 그가 주로 투자한 종목은 아홀드 델하이즈Ahold Delhaize[3], AB인베브AB Inbev, 유니레버Unilever였다.

하지만 이 투자자는 환리스크가 주식이 거래되는 통화가 아니라 기업이 사업을 하는 지역에 따라 결정된다는 점을 간과했다. 아홀드 델하이즈의 경우 미국이 매출의 60% 이상을 차지하는 주요 시장이기 때문에 투자자는 유로화보다 미국 달러에 더 많이 노출된다. AB인베

---

3 네덜란드에 소재한 글로벌 식품유통 회사—옮긴이.

브와 유니레버의 경우도 마찬가지로 유럽은 수익의 일부에 불과했다.

물론 기업이 보고하는 통화에 대해 외국 통화가 약세를 보이면, 실적에 영향을 미치고 주가도 출렁인다. 따라서 유럽 투자자로서 환율 변동의 위험을 피하고 싶다면, 유로존에 있는 기업에만 투자하는 방법을 선택하면 된다.

하지만 이 방법은 여러 지역에 위험을 분산하는 것이 불가능하고, 투자 기회 또한 크게 줄어든다. 그래서 나는 장점보다는 단점이 더 크다고 생각한다. 퀄리티 투자자는 환리스크를 감수해야 한다.

'매력적인 성장 시장'에 현명하게 접근하는 방법

물론 투자자들에게 환리스크는 단점으로 여겨질 수 있다. 하지만 글로벌 투자는 장점이 더 크다. 다각화의 이점뿐만 아니라 매력적인 성장 시장에 투자할 수 있는 기회도 함께 얻을 수 있다. 중국과 인도를 필두로 한 광범위한 신흥국시장은 서구가 이미 경험한 발전 경로를 빠른 속도로 따라잡고 있다. 따라서 투자자에게 상당한 기회를 제공한다.

하지만 리스크 관리 측면에서 나는 서구 다국적기업을 통해서만 이런 성장 시장에 노출되는 것을 선호한다. 내 경험에 비추어 볼 때, 신흥국시장에 직접 투자하는 것과 관련된 잠재적 위험은 분명 유념해야할 대목이다. 이제까지 투자자의 이익에 반하는 사건들이 너무 많았기 때문이다.

빠르게 성장하는 중국 기업의 주식은 특히 낮은 밸류에이션을 고려할 때 매력적일 수 있다. 하지만 불확실성이 존재한다. 불투명한 회계규정의 경우가 대표적이다. 투자자들은 펀더멘털 분석에 더 많은 어려움을 겪을 수 밖에 없다.

또 하룻밤 사이에 기업이 국유화되기도 한다. 중국 법률은 외국인 투자자가 중국 기업의 공동 소유주가 되는 것을 허용하지 않는다. 그래서 만들어진 것이 외국 자본과 전문 지식을 활용하기 위한 VIE^{Variable Interest Entity, 변동지분실체} 방식[4]의 법인이다. 일반적으로 조세피난처에 기반을 둔 이 법인은 기업의 수익에 대한 권리를 보유하는 계약을 체결한다. 그러나 투자자는 자신이 투자하고 있다고 생각하는 중국 기업의 소유주가 결코 아니다. 물론 모든 일이 순조롭게 진행된다면 별문제가 없을 것이다. 하지만 일이란 것이 항상 그렇게 되지는 않는다. 문제는 사고나 일이 터졌을 때 여러분의 권리가 정확히 무엇이냐 하는 것이다.

VIE 방식은 중국 법률을 우회하기 위해 특별히 만들어졌다. 지금까지는 중국이 혜택을 보고 있고, 스스로 발등을 찍고 싶지 않기 때문에 이를 용인하고 있다. 그러나 중국 정부가 어떤 이유로든 VIE 방식을 금지하기로 결정한다면, 외국인 투자자들은 속수무책으로 당할 수 밖에 없다. 미국 헤지펀드사인 머디 워터스^{Muddy Waters[5]}는 "실리콘밸리가 기술과 관련된 곳인 것처럼 중국은 주식 사기와 관련된 곳이

---

4 VIE 방식은 외국인 투자자가 특히 중국에서 특정 산업 분야의 기업에 투자할 수 있도록 허용하는 합법적인 사업구조다. 중국 기업들은 기술, 미디어, 교육 등의 분야에서 외국인의 직접 소유를 금지하는 중국 정부의 규정을 준수하면서 외국 자본에 접근하기 위해 VIE 방식을 주로 활용한다──옮긴이.

5 중국 기업들을 공매도해 큰 돈을 번 것으로 유명한 헤지펀드. 중국 기업의 회계비리를 밝혀낸 뒤 주가폭락에 베팅하는 방식으로 엄청난 수익을 올렸다──옮긴이.

다"라고까지 표현했다.

낯선 영역에 들어가면

'눈에 보이는 위험'과 '보이지 않는 위험'을 맞바꾸게 된다.

불확실성은 몇몇 주식이 아주 매력적인 밸류에이션으로 거래되는 이유가 되기도 한다. 위험 증가에 대한 보상으로 투자자는 더 높은 수익률을 요구하게 된다. 이에 따라 더 많은 할인율[6]이 적용되면서 가격은 낮아진다. 그래서 낮은 가격 대비 수익률(저PER)로 나타나는 것이다.[7]

이 경우 더 높은 수익률 외에도 추가적인 위험도 감수해야 한다. 결과적으로 위험조정수익률이 감소할 수 있다. 일반적으로 어떤 물건이 싸게 나오는 데는 그럴 만한 이유가 있다.

그렇다고 특정 시장을 피하고 그와 관련된 성장 스토리를 완전히 배제해야 한다는 소리는 결코 아니다. 매력적인 성장 시장을 포기하면 스스로 손해를 보는 것이기 때문이다.

다행히도 현지 비즈니스에 직접 투자하지 않고도 신흥국시장의 성

---

6 미래현금흐름이 현재 가치로 할인되는 비율이다.

7 PER(Price Earnings Ratio, 주가수익비율)은 현재 주가를 주당순이익으로 나누어 계산한 상대적 가치평가 지표다. 주식이 비싼지 싼지를 직관적으로 보여준다. 단순하기 때문에 널리 사용되는 비율이지만 단점도 있다(5장 기업가치평가 참조).

장에 따른 혜택을 누릴 수 있는 방법이 있다. 위험과 수익 사이의 균형을 맞출 수 있다는 소리다.

많은 서구 다국적기업들이 성장 시장에 접근할 수 있는 기회를 제공하면서도, 해당 시장과 관련된 특정 리스크를 직접 감수하지 않아도 되도록 만들어 준다. 예를 들어 LVMH, 애플Apple, 로레알, 나이키, 아틀라스 콥코Atlas Copco, 워터스Waters, 유니레버, 오티스Otis, 디아지오Diageo 같은 기업들이 이런 역할을 한다.

이 기업들은 모두 매출의 상당 부분을 신흥국시장에서 창출하고 있다. 영국의 소비재 기업인 유니레버의 경우 신흥국시장이 전체 매출의 절반 이상을 차지한다.

물론 해외에서 비즈니스를 수행하다보면 보호무역주의 강화와 같은 잠재적 위험도 따르지만, 이런 위험은 '사기'나 '몰수'보다는 훨씬 덜 위협적이라고 생각한다.

다양한 고객층

기업은 다양한 고객층에 의존할 수 있을 때 더욱 견고해진다.

소수의 대형 고객으로부터 매출의 대부분을 창출하는 기업은 그렇지 않은 경우에 비해 훨씬 더 취약하다. 대형 고객은 더 강력한 협상력을 가지기 때문에 기업의 이익에 영향을 미칠 수 밖에 없다. 또 만약 주요 고객이 예기치 않게 파산하거나 사업을 중단하면 기업은 상당한 타격을 받게 된다.

한편, 주요 고객에 대해서는 해당 기업의 사업보고서에서 필요한 정보를 찾을 수 있다.

핵심 포인트

- 리스크 관리 측면에서 포트폴리오의 상당 부분을 다양한 지역에서 활동하는 기업에 할당하는 것을 고려해 볼 만하다. 이상적으로는 '북미와 서유럽과 같은 안정적인 시장에서 활동하는 기업'들과 '중국과 인도와 같은 매력적인 성장 시장에서 활동하는 기업'들을 함께 보유해 지리적 조합을 탄탄하게 구성하는 것이 좋다.
- 나는 다국적기업이 '이미 나와 있는 답'이라고 생각한다. 안정적이고 선진화된 시장에 위험을 분산하는 동시에 매력적인 성장 시장에 간접적으로 접근할 수 있는 방법으로 말이다.
- 다국적기업에 대한 투자는 신흥국시장에 직접 투자할 때 발생하는 위험에 직면하지 않고도 두 세계의 장점을 모두 얻을 수 있다. 또 글로벌 활동과 더불어 고객 기반이 다양해지면 위험도 분산된다.

3. 성장 가능성이 있는 회사인가?

정체는 곧 퇴보다

확실하게 정의할 수 있다면 더할 나위 없이 좋겠지만, 퀄리티 투자에 대해 한마디로 정의 내리기는 어렵다. '평균 이상의 수익성', '지속 가능한 경쟁우위', '우수한 재무 상태'와 같은 요소가 퀄리티 접근법의 토대가 된다는 점에는 모두 동의할 것이다. 이런 특성들은 퀄리티 투자 전략의 기초가 된다.

반면 기업의 '성장 능력'은 회색 영역에 속한다. 어떤 투자자는 이를 퀄리티 기업으로 분류되기 위한 필수요건으로 간주한다. 반면에 또 어떤 투자자들은 이를 퀄리티 투자의 한 측면으로 명시적으로 고려하지 않는다. 두 관점 모두 나름대로 근거가 있겠지만, 나는 전자의 의견에 동의한다.

나는 충분한 성장잠재력을 퀄리티 투자의 필수요소로 생각한다. 비즈니스 세계에서는 기업이 끊임없이 경쟁에 직면하기 때문에 정체해 있는 것은 퇴보하는 것과 같다. 기업이 성장하지 않으면 경쟁자에게 시장점유율과 혁신의 기회를 내주게 되고, 결국에는 고객을 잃게 될 것이다.

하지만 성장하는 기업은 투자 자금을 조달하고 규모의 경제를 창출하기가 더 쉬워진다. 또 새로운 인재를 쉽게 유치할 수 있으며, 우수한 직원이 경쟁사로 떠날 가능성도 줄어든다. '성장'과 '높은 투하자본이익률'은 매우 강력한 조합이 된다(4장 정량적 기준 참조). 이익의 상당 부분을 매우 높은 수익률로 재투자할 수 있는 기업은 기하급수적으로 성장할 수 있다. 이런 기업은 투자자들에게 정말 매력적이다.

성장의 다양한 측면

성장은 다양한 의미를 가질 수 있다. 비즈니스에서 성장이란 고객 기반 확대를 비롯해 매출, 이익, 시가총액 등이 증가하는 것을 의미한다. 여기서는 '매출 성장'을 중심으로 살펴보도록 하자.

일단, 효율적인 비용 관리 등을 통해 매출 성장 없이도 이익을 늘릴 수는 있지만, 이는 지속가능한 전략이 아니다. 비용 절감의 기회는 제한적이다. 궁극적으로는 항상 매출 성장을 이뤄내야만 한다. 따라서 자생적 성장organic growth[8]을 창출할 수 있는 기업이 가장 매력적이고, 퀄리티 높은 성장 형태다.

그렇다고 매년 매출이 수십 퍼센트씩 증가하는 회사를 찾는다는 뜻이 아니다. 물론 기업 가운데 높은 매출성장률을 기록하며 아주 빠르게 성장하는 곳도 있다. 하지만 나는 물가상승률을 훨씬 상회하는 수준에서 안정적이고 예측가능하며 반복적인 매출 성장을 수년간 유지하는 것을 선호한다.

요컨대 꾸준한 성장은 바람직하지만 이를 달성하는 방법에는 여러 가지가 있다. 모든 기회가 똑같이 매력적이거나 지속가능한 것은 아

---

8 기업이 인수합병의 도움 없이 자체적인 노력으로 달성한 성장을 말한다.

니다.

지금부터는 기업이 성장할 수 있는 몇 가지 가능성을 알아보도록 하자. 또 사실상 무한한 기회로 이어질 수 있는, 장기 트렌드라고도 할 수 있는 '구조적 추세'에 대해서도 살펴보자. 이런 트렌드의 혜택을 누릴 수 있는 기업이라면 주목할 필요가 있다.

지리적 확장

국내에서 더 이상 확장할 여지가 없다면 해외 시장으로 진출하는 것을 고려해 볼 수 있다. 이런 시도가 성공하면 기회가 생길 수 있지만, 이 전략에는 사실 많은 어려움이 따른다.

예상치 못한 비용이 발생할 수 있으며, 해외 비즈니스를 수행하기 위한 정책이 필요하고, 관련 절차도 진행해야 한다. 또 문화적 차이와 언어장벽, 보호무역주의와의 충돌, 외국 규정 및 법률 준수 등의 문제도 발생할 수 있다.

그리고 모든 비즈니스 모델이 해외 시장으로 쉽게 확장할 수 있는 것도 아니다. 국내에서는 성공한 비즈니스 모델을 가진 기업이 해외에서는 성공하지 못한 사례가 수없이 많다. 따라서 비즈니스의 특성은 지리적으로 얼마나 확장할 수 있는지를 가늠하는 데 중요한 역할을 한다. 가령 현지의 규모와 유통의 이점에만 의존하는 기업은 세계적인 유명 브랜드를 보유한 기업보다 당연히 더 어려움을 겪을 수밖에 없다.

강력한 브랜드는 확장성이 뛰어나다. 기업이 새로운 시장에 진출할 때 기존의 많은 광고캠페인이 이미 잠재고객에게 도달했기 때문에 제품에 대한 즉각적인 수요가 발생할 수 있다. 스포츠용품 제조사인 아디다스^{adidas}가 좋은 예다.

이 브랜드는 전 세계 거의 모든 국가에서 판매되고 있다. 아직 판매되지 않는 일부 국가에서도 제품이 출시되면 수요가 늘어날 것이다. 아디다스 운동화를 신은 NBA 아이돌에 열광하는 젊은 층을 중심으로 말이다.

한 기업이 여러 국가에서 몇 차례 성공을 거두면, 또 다른 국가에서도 성공할 가능성이 높아진다.

파이의 큰 조각

시장이 정체되거나 축소되고 있다면, 시장점유율을 높이는 것도 성장의 한 방법이다. 파이가 작아지고 있다면 더 큰 조각을 가져가면 된다.

하지만 시장점유율 확보가 최종적으로 시장 성장과 함께하지 않는다면, 업종 차원에서 항상 패자가 존재하기 때문에 매력적인 성장 방식이라고 할 수는 없다. 게다가 정체된 시장에서는 시장점유율을 차지하기 위한 경쟁이 더 치열해져 가격경쟁으로 인해 영업이익률이 낮아질 수 있다.

직접 투자 없는 성장

다소 예외적인 또 다른 접근 방식은 매년 가격 인상을 통한 성장이다. 이는 아주 매력적인 방식이다. 일부 기업은 그 과정에서 고객을 잃지 않고 매년 가격을 인상할 수 있다.

이런 구조적인 가격 인상은 적절한 대안이 없는 고유한 제품이나 서비스가 있는 경우에만 가능하다. 그러면 고객은 자연스럽게 기꺼이 대가를 지불한다. 하지만 일반적인 경우 고객은 가격 인상에 직면하면 단순히 더 저렴한 제품으로 전환하기 때문에 이런 기업의 경우는 드문 것이 사실이다.

이런 형태의 성장은 직접적인 투자가 필요하지 않기 때문에 대단히 매력적이다. 가격 인상은 매출 성장으로 이어지고, 이는 곧바로 이익 성장으로 나타난다.

그러나 고객이 지속적으로 만족해야만 '가격결정력'을 유지할 수 있으므로 회사는 항상 제품의 퀄리티를 보장해야 한다.

한편, 기업은 가격 인상에 신중을 기해야 한다. 경영진이 지나치게 가격을 인상하면 의심할 여지없이 소비자의 저항에 직면하게 되고, 규제당국의 개입 가능성도 높아지게 된다. 분명한 목적을 가지고 신중하게 접근하는 것이 필수적이다.

'차별화'는 새로운 기회를 제공한다

직접적인 가격 인상 외에도 기업은 제품이나 서비스의 기능을 수

정해 고유한 특성을 가진 대안을 만들어낼 수 있다. 이를 차별화 differentiation라고 한다.

여기에는 더 효율적이거나 고객편의를 향상시키는 제품이나 서비스를 제공하는 것이 포함될 수 있다. 또 품질을 개선하거나 소비자 지위를 향상시키거나 독특한 경험을 제공하는 제품도 포함될 수 있다.

예를 들어 네스프레소Nespresso는 정기적으로 한정판 커피 캡슐을 출시한다. 증류주 분야의 글로벌 리더인 디아지오Diageo는 유당이 없고 글루텐도 없으며 심지어 비건 버전인 '베일리'를 출시했다. 또 전 세계 맥주 생산업체들은 무알코올 맥주를 출시해 더 건강한 옵션에 대한 수요에 부응하고 있다.

이 모든 대안은 한 가지 공통점이 있는데, 바로 더 비싸서 성장과 수익률 모두에 기여한다는 점이다.

혁신의 중요성

성장은 혁신을 통해서도 촉진될 수 있다. 성공적인 혁신은 새로운 수요를 창출하고 성장을 뒷받침한다.

연구개발R&D에 상당한 예산을 할당하는 기업은 신제품을 시장에 출시할 가능성이 높으며, 이를 통해 경쟁력을 유지할 수 있다. 아무리 좋은 제품이라도 수명 주기의 새로운 단계로 진입하기 위해서는 결국 개선이 필요하다. 때로는 끊임없이 변화하는 소비자의 요구를 충족하고 경쟁에서 앞서 나가기 위해 제품을 완전히 교체해야 하는 경우도 있다.

예를 들어 마이크로소프트가 윈도우의 첫 번째 버전의 성공에 안주했다면 오늘날 세계 최대 기업 중 하나가 되지 못했을 것이다. 끊임없는 혁신으로 완전히 새로운 제품을 선보이면서 회사를 지속적으로 더 높은 수준으로 끌어올렸다.

기업인수 전략

기업도 인수acquisitions를 통해 성장할 수 있다. 하지만 여러 연구에 따르면, 인수가 가치를 창출하는 경우는 드물다. 인수의 70~90%는 성공적이지 못한 것으로 드러났다. 서로 다른 기업문화로 인해 통합이 어렵거나, 경영진이 핵심 업무에서 너무 산만해지거나, 그게 아니면 단순히 경쟁사를 인수하기 위해 너무 많은 비용을 지불하는 경우도 있었다.

그러나 처음에는 너무 비싸게 보이는 인수도 경우에 따라서는 유익한 결과를 가져올 수 있다. 예를 들어 기업은 인수를 통해 개발하지 않은 기술에 접근하고, 비용절감 또는 제품 포트폴리오의 시너지를 활용하고, 다른 방법으로는 확보할 수 없었던 우수한 인재를 유치함으로써 시장에서의 우위를 확보할 수 있다.

일부 기업들은 인수 전략을 통해 탁월한 성과를 내기도 한다. 이 경우 종종 볼트온 인수bolt-on acquisition 전략이 사용된다. 이는 자체적으로 성장한계에 도달한 소규모 기업들을 인수하는 방식이다. 더 큰 조직 아래에서 이들은 인프라, 전문지식, 시장정보에 접근할 수 있게 된다. 또 이를 통해 추가적인 확장이 가능해진다. 같은 맥락에서 목표가 명확한 인수targeted acquisition도 상당한 이점을 제공할 수 있다.

물론 이상적으로는 기업이 자체적으로 성장하는 게 바람직하지만, 인수 전략을 통해 이를 성공적으로 실행하는 기업들 역시 분명 존재한다.

경기순환적 성장

경기순환적 성장Cyclical growth은 경기가 확장되는 시기에 발생한다. 이런 유형의 성장은 영구적이지 않으며 경제 상황에 따라 크게 달라진다.

예를 들어 철강회사는 원자재에 의존하는 산업이기 때문에 경기 호황기에는 수요가 증가한다. 마찬가지로 자동차 제조업체, 호텔 및 레스토랑 체인도 경기 호황기에는 소비자들이 돈을 더 많이 지출하기 때문에 번창할 것이다. 여행업계 역시 마찬가지다. 사람들이 더 많은 예산을 가지고 여행을 떠날 가능성이 크기 때문에 개선된 여건의 혜택을 누릴 수 있다.

반대로 경기 침체기에는 기업이 투자를 줄이고 소비자 또한 지출을 줄이는 경향이 있다. 필수적이지 않은 제품과 서비스가 예산에서 가장 먼저 삭감된다. 따라서 경기에 민감한 기업은 매출과 이익이 크게 줄어든다.

장기 추세를 통한 지속가능한 성장

경기순환적 성장과 달리 구조적 성장Secular growth은 경제 상황의 영향을 덜 받는다.

구조적 성장은 경기 사이클보다 더 오래 지속되는 사회 및 인구통계학적 변화에서 비롯된다. 이는 종종 시장 내에서 미묘한 변화로 시작하여 체계적으로 추진력을 얻고, 때로는 수십 년 동안 지속되기도 한다. 그 결과 특정 제품에 대한 수요가 장기간 증가하게 된다.

구조적 추세가 나타나는 시장은
기업의 성장을 효과적으로 받아줄 수 있다.
그리고 이런 추세에 노출되는 것은
기업과 투자자 모두에게 매우 매력적이다.
따라서 지속가능한 성장을 추구하되,
구조적 추세를 반영한 기회 또한 주목해야 한다.

다음에 다룰 주제들도 수많은 기회를 제공하지만, 이런 확실한 기회는 이미 시장에서 인정받고 주가에 대부분 반영되어 있는 경우가 많다는 점을 명심해야 한다. 그렇다고 해서 장기적으로 훌륭한 결과를 얻을 수 없다는 의미는 아니다. 하지만 해당 기업의 낙관적인 전망에 따라 프리미엄을 지불하고 있다는 점은 분명히 유념해야 한다.

어디에나 있는 '디지털화'

'디지털화'는 구조적 추세의 좋은 예이지만, 다양한 트렌드를 아우르는 포괄적인 용어이기도 하다. 현금이 전자결제수단으로 대체되고 있고, 점점 더 많은 기업들이 클라우드로 프로세스를 이전하거나 인쇄매체가 디지털 솔루션으로 바뀌는 것을 생각해 보라.

물리적 미디어를 쓸모없게 만든 스포티파이Spotify나 넷플릭스Netflix 같은 기업에서도 디지털화의 한 형태가 작동하고 있다. 경기침체로 인해 소비자들이 넷플릭스나 스포티파이 구독을 취소할까? 그럴 수도 있다. 하지만 불황이 이런 변화의 흐름을 약화시켜 다시 과거의 방식으로 돌아가게 만들 수 있을까? 그것은 아니다. 변화는 이제 돌이킬 수 없게 되었다.

코로나19 팬데믹은 이런 과정을 더욱 가속화시켰다. 마이크로소프트의 CEO 사티아 나델라Satya Nadella는 2020년 4월에 보통 2년이 걸리는 디지털 전환이 코로나19 기간 동안 두 달 만에 이루어졌다고 언급했다. 팀스Teams 및 클라우드 애플리케이션과 같은 마이크로소프트 제품의 사용은 크게 가속화되었다.

세계는 고령화되고 있다

또 다른 구조적 추세는 세계적인 고령화다. 복지국가 개념과 개선된 의료시스템 덕분에 지난 수십 년 동안 인류의 기대수명은 크게 증가했다. 유엔에 따르면 2019년 전 세계 기대수명은 72.8세였으며,

| 그림 3-1 | 전 세계 기대수명

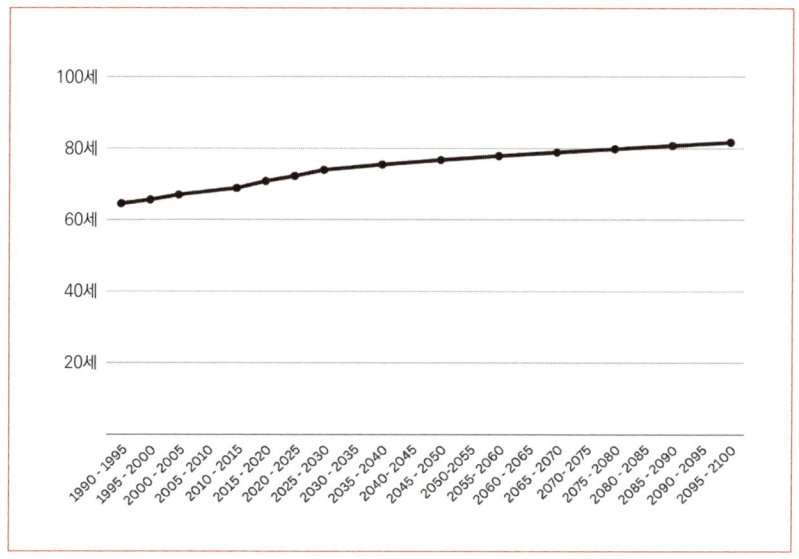

자료 : statista.com

2050년까지 77.2세로 늘어날 것으로 예상된다. 또 세기 말에는 82세에 이를 것으로 예상되는 상황이다.

일반적으로 노인은 젊은이보다 지출이 적고, 마케팅 측면에서 거의 모든 것을 경험한 이들이므로 많은 분야에서 까다로운 고객이 될 수도 있다.

하지만 고령화 인구 증가로 인해 혜택을 볼 수 있는 분야도 있다. 예를 들어 의료장비 제조업체와 같은 곳이다. 건강과 편안함을 우선시하는 고객들에게 가격은 중요한 기준이 아닌 경우가 많다.

베이비붐 세대를 타깃으로 하는 기업들을 주의 깊게 살펴보라. 노년층의 삶을 편하게 만들어줄 수 있는 방법은 여전히 많다. 그리고 아마도 노인들은 여기에 대한 비용을 기꺼이 지불할 의사가 있을 것이다.

침묵의 세대[9]와 베이비붐 세대를 포함한 60세 이상의 개인은 전 세계 부의 절반 이상을 보유하고 있다. 이 시장은 엄청난 잠재력을 지니고 있다.

도시화

도시로의 인구 집중, 즉 도시화Urbanization는 구조적 추세다. 현재 전 세계 인구의 약 절반이 대도시에 거주하고 있다. 세계보건기구 WHO는 이 수치가 2050년까지 70%로 증가할 것으로 예상하고 있다.

또 유엔에 따르면 2017년 인구 1,000만 명이 넘는 도시는 29개였다. 하지만 2030년에는 43개에 달하고, 2,000만 명 이상의 주민이 거주하는 도시는 14개로 늘어날 것이란 전망이다.[10]

이런 성장을 효과적으로 관리하기 위해서는 인프라에 대한 상당한 투자가 필요하며, 이는 다양한 비즈니스에 기회를 제공할 것이다.

예를 들어 도시에서 점점 더 많은 사람들이 수직형 생활을 선택함에 따라 건설회사나 엘리베이터 제조업체가 혜택을 볼 수 있다. 또 사람들이 더 가까운 곳에 거주하게 되면서 건물 보안에 대한 수요가 증가할 것이다. 인프라 및 교통 분야에서도 역시 보안의 중요성이 커질

---

9 '침묵의 세대'는 베이비붐 세대 이전의 세대다. 이 세대는 제2차 세계대전 당시 어린 시절을 보냈다.

10 마우로 기옌(Mauro F. Guillén), 『2030 축의 전환』, p.125

것이다.

생활습관

사람들은 건강한 라이프스타일의 중요성에 대해 더 많이 인식하고 있다. 유기농식품에 대한 선호도가 높아지고 있으며, 더 많은 사람들이 헬스장을 찾고 있다. 많은 사람들이 식이요법에 대한 조언을 구하고 있으며, 스마트워치와 피트니스 트래커의 판매도 증가하고 있다. 많은 사람에게 건강한 라이프스타일이 삶의 우선순위가 되었다.

하지만 안타깝게도 현실 속에서는 정반대되는 현상 또한 펼쳐지고 있다. 건강하지 않은 생활습관으로 인해 병에 걸리는 사람들도 증가하고 있다. 신체활동이 부족하거나 식습관이 좋지 않아 고혈압, 비정상적인 콜레스테롤 수치, 당뇨병과 같은 원치 않는 결과를 초래하고 있다.

국제당뇨병연맹IDF의 데이터에 따르면 2030년까지 전 세계적으로 20세에서 79세 사이의 당뇨병환자가 6억 4,300만 명에 달할 것으로 예상된다. 이는 현재 5억 명이 조금 넘는 환자 수에서 20% 증가한 수치다. 2045년에는 이 숫자가 7억 8,400만 명으로 증가할 것으로 전망되는 상황이다.[11]

이는 엄청난 수치다. 전 세계적으로 기아보다 비만으로 고통 받는

---

11 국제당뇨병연맹이 2021년에 발간한 『세계 당뇨병 백서(IDF Diabetes Atlas)』 제10판, Diabetesatlas.org

사람이 더 많아져 불과 얼마 전과는 완전히 역전된 상황이 벌어지는 것이다.

당뇨병 완치제가 개발될 때까지 환자들은 평생 동안 정기적으로 인슐린 주사를 맞아야 한다. 그리고 이 치료에서 노보 노디스크Novo Nordisk, 일라이 릴리Eli Lilly 같은 제약회사가 중요한 역할을 하고 있다.

신흥국시장에서의 중산층 증가

또 다른 돌이킬 수 없는 변화는 신흥국시장, 특히 중국과 인도처럼 광대하고 빠르게 성장하는 국가에서 중산층이 증가하고 있다는 점이다.

일정 소득 기준을 넘어서는 사람들은 소비의 주체가 된다. 신흥국시장의 중산층은 서구에서 오랫동안 '정상'이라고 여겨온 방식으로 돈을 소비할 것이다. 따라서 이들은 경제의 엔진으로 자리매김할 것이다.

그렇다고 이런 상황을 활용하기 위해 굳이 해당 시장에 직접 투자할 필요까지는 없다. 신흥국시장의 번영은 현지 기업뿐만 아니라 서구의 다국적기업에게도 기회를 제공하기 때문이다. 신흥국시장에서는 서구 기업의 제품을 매우 선호한다.

고급화

선진국시장에서는 다른 종류의 트렌드가 형성되고 있다. 더 많이 소비하는 것이 아니라 퀄리티와 독점성을 추구하면서 더 높은 비용을 지불하는 것이다. 바로 고급화premiumization 현상이다.

소비자들은 점점 더 안목이 높아지면서 양보다는 품질과 희소성을 선호하고 있다. 특히 지위향상 효과가 있는 명품을 제공하는 루이비통모에헤네시LVMH나 에르메스Hermès 같은 업체를 통해 이런 현상을 바로 목격할 수 있다.

또 이런 변화는 숙박업과 같은 분야에서도 두드러지게 나타나고 있다. 고객들은 점점 더 많은 경험을 원하고, 이를 위해 기꺼이 주머니를 연다. 특별한 음료에 대한 수요가 증가하면서 수제 맥주의 인기가 높아지고 있는 주류 업계 역시 마찬가지다.

소비자들은 고급화된 제품과 서비스로 광범위하게 이동하고 있다.

구조적 추세의 혜택을 누리는 이상적인 사례

주의 깊게 주위를 둘러보면 트렌드를 계속 발견할 수 있다. 그리고 의심할 여지없이 더 많은 새로운 트렌드가 등장할 것이다.

선진국에서는 반려동물이 점점 더 완전한 가족구성원으로 대접받고 있다. 따라서 반려동물 사료 및 액세서리 시장이 성장하고, 수익성 높은 시장으로 발전하고 있다. 또 품질관리는 점점 더 엄격한 요건을 충족해야 하며, 이는 테스트 및 검사 회사에게 도움이 된다. 또 전 세계적인 물부족, 기후문제, 인구증가는 관련 기업들에게 수많은 기회를 제공할 것이다.

이런 구조적 추세의 혜택을 누리는 가장 이상적인 사례가 바로 나이키 운동화다. 글로벌 기업인 나이키는 가격 인상, 차별화, 지리적 확장 및 시장점유율 증가를 통해 성장한다. 그리고 이런 성장은 신흥 국시장에서의 중산층 증가에 따른 수요 증가, 건강한 생활습관에 대한 인식 증대와 같은 메가트렌드에 의해 더욱 촉진된다.

요컨대, 구조적 추세의 혜택을 받을 수 있는 기업에 주목해야 하는 이유가 점점 더 많아지고 있다.

핵심 포인트

- 퀄리티 투자자는 항상 매력적인 속도로 성장할 수 있는 기업을 찾고 있다.
- 성장에는 다양한 형태가 있다. 해외시장 진출, 시장점유율 확대 또는 가격 인상을 통해 성장을 추구할 수 있다. 차별화와 혁신 또한 성장으로 이어진다. 때로는 신중한 기업인수 전략을 통해 가치를 창출할 수도 있다. 물론 대부분의 비즈니스에서 가장 바람직한 것은 자생적 성장이다.
- 퀄리티 투자자는 장기적인 성장잠재력을 가진 기업들을 주의 깊게 관찰해야 한다. 이들 기업에는 무한한 가능성이 있다.
- 구조적 추세의 혜택을 받을 수 있는 기업에 포트폴리오의 상당 부분을 할애해야 하는 이유가 점점 더 많아지고 있다.
- 나는 특별히 높은 성장을 추구하기보다는 오랫동안 지속될 수 있는 성장을 추구한다. 구조적 성장은 시장이 수년 또는 수십 년 동안 기업의 성장을 받아줄 수 있는 좋은 친구와 같다.

4. 지속가능한 경쟁우위를 갖췄는가?

'해자'라는 강력한 신호

평균 이상의 성과를 꾸준히 달성하는 기업을 본 적이 있을 것이다. 일부 기업은 장기간에 걸쳐 높은 투하자본이익률을 창출하는 데 성공하기도 한다.

물론 '평균회귀Mean Reversion'라는 이론도 있다. 이는 평소보다 높은 수익률은 시간이 지나면서 다시 평균으로 떨어진다는 것이다. 이런 현상은 높은 수익성이 필연적으로 경쟁을 불러일으키기 때문에 발생한다. 후발주자들이 보다 낮은 가격을 제시하며 경쟁에 나서게 되면 선발주자의 높은 수익성은 감소하게 될 수 밖에 없다. 평균회귀는 재무 영역에서 '중력'과도 같은 개념이다.

그럼에도 오랜 기간 동안 평균 이상의 성과를 내는 기업들이 있다. 왜 그런 것일까? 그것은 바로 이런 기업들이 경쟁우위를 보유하고 있고, 더 중요한 것은 경쟁사로부터 그 우위를 어떻게든 보호하고 있기 때문이다. 이를 지속가능한 경쟁우위sustainable competitive advantage라고 하며, 워런 버핏이 대중화시킨 용어인 해자moat로 더 잘 알려져 있다.

해자는 성 주위에 파놓은 구덩이 같은 것이다. 적(경쟁)으로부터 성(비즈니스)을 보호하는 역할을 한다. 해자가 깊고 넓을수록 성을 공략하기는 더 어려워진다.[12]

기업이 경쟁사보다 우월하고, 대안이 없는 독특한 제품이나 서비스를 제공할 때 평균보다 높은 수익률을 달성할 수 있다. 이때 고객은 기꺼이 더 많은 비용을 지불하게 된다. 때로는 대안이 등장했을 때마저도 마찬가지다. 대안을 찾아 전환하기에는 고객에게 너무 많은 비용과 노력이 들기 때문이다. 또 매년 가격 인상이 있더라도 현재의 공급업체에 대한 충성도를 유지하는 것이 더 간단하고 저렴한 경우도 있다.

지속가능한 경쟁우위를 가진 기업은 대규모로 생산해 더 낮은 비용으로 제품을 제공하는 동시에 경쟁업체보다 더 높은 수익을 창출할 수 있다.

그렇다면 대표적인 지속가능한 경쟁우위 몇 가지를 살펴보도록 하겠다.

브랜드 인지도

어떤 브랜드는 그 자체로 고객에게 부가가치를 제공하기도 한다. 이것은 품질 때문일 수도 있지만, 고객이 누리게 될 '특별한 경험' 때문에 부가가치가 생기기도 한다.

나이키 운동화, 코카콜라, 애플 스마트폰, 스타벅스Starbucks 커피와 같은 경우 소비자들은 기본적으로 같은 기능을 하는 경쟁 제품보다 더 높은 가격을 기꺼이 지불할 의사가 있을 것이다. 이런 일이 일어나

---

12 이 책 뒤표지에 그려져 있는 성은, 이 개념을 시각적으로 표현한 것이다. 성은 해자로 둘러싸여 있어 공략하기 어려운 대상이다.

야만 지속가능한 경쟁우위에 대해 이야기할 수 있다.

오직 '브랜드' 때문에 고객이 제품에 대해
지속적으로 더 많은 비용을 지불할 의사를 갖고 있다면,
이는 해자를 형성하고 있다는 강력한 신호다.

브랜드는 '평판'이라는 이점도 얻을 수 있다. 물론 어떤 분야에서는 제품이나 서비스의 성능이 기대에 미치지 못하면 재앙적인 결과를 초래할 수 있다. 그래서 품질관리가 중요하다. 고객들은 평판이 좋은 기업을 선택하는 경향이 있기 때문에 제품가격은 그다지 중요하지 않다.

테스트 또는 검사를 하는 회사, 안전과 관련한 제품을 제공하는 회사, 신용평가기관, 엘리베이터 제조업체 등을 떠올려 보라. 이런 기업에서 제공하는 제품이나 서비스의 중요성은 워낙 크기 때문에, 시장 진입을 꿈꾸는 후발주자들이 아무리 많은 돈을 투자하더라도 선발주자들의 평판을 따라잡는 것은 거의 불가능하다.

특허

특허 유효기간 동안 특허권자는 독점적으로 이를 이용할 수 있는 권리를 갖는다. 이때는 경쟁이 없기 때문에 수익성이 높다. 다만, 강

력한 브랜드와 달리 특허라는 해자는 유효기간이 지나면 바로 그 가치가 사라진다.

특허는 제약산업에서 자주 볼 수 있는데, 이는 해당 분야 기업의 높은 수익성을 설명한다. 그러나 특허가 만료되면 즉시 복제약품 generic drugs이 시장에 등장한다. 이렇게 되면 소비자는 곧바로 저렴한 대체의약품을 찾는다.

제약산업에서 경쟁우위를 유지하기 위해서는 신약개발이 관건이다. 따라서 연구개발비용이 매우 중요하다.

규모와 비용 측면에서의 우위

임대료, 전기요금, 보험료, 급여와 같은 고정비용을 더 많은 제품에 나눌 수 있을 때 규모와 비용 측면에서 이점이 생긴다. 이를 통해 더 효율적인 기업은 더 낮은 가격으로 제품을 제공할 수 있으며, 때로는 수익률을 개선할 수 있다.

이런 우위는 다양한 방식으로 나타날 수 있다. 예를 들어 시장을 선도하는 기업은 상대적으로 더 많은 노력을 기울이지 않고도 소규모 경쟁업체보다 더 많은 투자를 할 수 있다. 연구개발비용과 마케팅비용은 종종 해자를 가진 기업에서 중요한 역할을 한다.

또 보다 효율적인 유통망에서도 분명하게 드러날 수 있다. 이런 유통망은 상품을 취급하는 저장시설과 운송시스템의 집합으로 구성된다. 그리고 생산자로부터 고객에게 상품을 전달하는 중개지점이 된다. 이런 유통망이 더 가깝고 효율적일수록 상품을 더 빠르고 저렴하게 배송할 수 있다.

높은 전환비용

다른 공급업체로 바꾸려면 비용이 많이 들고 시간도 오래 걸리며 때로는 위험하기까지 하다면, 기존의 공급업체는 고객을 유지하는데 아주 유리하나.

제품이나 서비스는 다양한 비즈니스 프로세스와 얽혀 있는 경우가 많다. 지속가능한 경쟁우위는 '경쟁사의 낮은 가격'이 '전환 시 고객이 직면하는 높은 비용과 불편함'을 능가하지 못할 때 발생한다. 전환 과정에서 비즈니스 프로세스를 중단해야 하거나 데이터 손실의 위험이 있거나 직원을 재교육해야 할 상황이 생길 수 있기 때문이다.

그래픽디자인 업계에 소프트웨어를 제공하는 어도비Adobe의 경우 이런 이점이 그대로 적용된다.

고객 이탈을 막는 락인lock-in 효과는 그래픽디자이너를 교육하는 과정에서부터 시작된다. 그래픽디자이너는 수년 동안 어도비 소프트웨어로 작업하는 방법을 배우며, 그리고 경력을 쌓아간다. 그 사이 경쟁제품으로 전환할 가능성은 갈수록 줄어들다가 결국 존재하지 않게 된다. 그래픽디자이너 중 상당수는 어도비 제품 없이는 업무를 수행할 수 없기 때문이다. 따라서 어도비는 강력한 해자를 가진 것으로 볼수 있다.

네트워크 효과

네트워크 효과는 더 많은 사용자가 참여할수록 제품이나 서비스의 가치가 높아질 때 발생한다. 사용자 수가 증가하면 네트워크의 매력도가 높아지고 경쟁이 더 어려워져 지속가능한 경쟁우위를 확보할 수 있다.

이런 자기강화 효과의 대표적인 예로는 결제 전문기업인 비자Visa와 마스터카드MasterCard 등이 있다.

구매자(소비자)가 널리 사용하는 방식은 판매자(소매업체)에게 매력적이며, 판매자가 널리 사용하는 방식은 다시 구매자에게 매력적이다. 결제수단과 결제시스템 역시 이런 선순환구조를 갖는다. 사용자가 늘어날수록 자기강화 효과는 점점 더 커진다. 따라서 구매자와 판매자 모두 신용카드를 선택할 때, 비자와 마스터카드가 지배하는 과점시장[13]에서 자유로울 수가 없다.

네트워크 효과를 누리고 있는 기업의 또 다른 예로는 페이스북Facebook, 왓츠앱WhatsApp, 인스타그램Instagram 등의 모기업인 메타플랫폼Meta Platforms이 있다.

사용자가 많을수록 소셜네트워크의 가치는 높아진다. 2023년 3분기 페이스북의 월간 활성 사용자 수는 약 30억 명으로, 대부분의 사람들이 다른 소셜네트워크로 전환하는 것이 무의미한 상황이다. 페이스북이 아닌 SNS에서 가족이나 친구, 지인을 찾을 가능성은 희박

---

13 소수의 공급자가 지배하는 시장을 말한다.

하기 때문이다. 여기에는 수년 동안 쌓인 사진과 추억도 그대로 남아 있다. 이런 끈끈한 특성으로 인해 사람들은 계정을 유지하려는 경향이 있다.

방대한 사용자 기반은 광고주에게 아주 매력적이다. 또 메타는 성별, 연령, 위치, 관계, 다양한 선호도 등 사용자에 대한 풍부한 데이터를 보유하고 있어 광고주들이 타깃팅 광고를 집행할 수 있다. 사용자가 많을수록 기존 사용자와 신규 사용자 모두에게 더 매력적인 네트워크가 되고, 이는 다시 광고주에게 어필할 수 있는 요소가 된다.

인재 유치

숙련된 인재를 유치할 수 있는 능력도 해자로 간주할 수 있다. 이는 많은 거대 기술 기업에서 분명하게 드러나는 현상이다.

애플이나 알파벳Alphabet과 같은 회사는 고객뿐만 아니라 잠재적인 직원도 끌어들이는 강력한 브랜드를 가지고 있다. 가장 뛰어난 인재들은 실리콘밸리에서 가장 영향력 있는 회사에서 일하기를 원한다. 매력적인 급여 수준뿐만 아니라 이력서에 애플, 마이크로소프트 또는 알파벳이 기재되어 있으면 좋은 경력이 되기 때문이다.

디지털화를 진행 중인 기존 업체들은 적합한 인재를 찾기 위해 점점 더 고군분투하고 있다. 특히 '좋은 아이디어'와 '인재'에 성공 여부가 갈리는 분야에서는 이런 경쟁우위를 결코 과소평가해서는 안 된다.

경쟁우위는 '관리'가 필요하다

수익성이 높은 곳에는 경쟁이 생기기 마련이다. 자본은 항상 가능한 가장 높은 수익률로 가는 길을 찾는다. 따라서 강력하고 지속가능한 경쟁우위는 필수적이다.

따라서 투자자는 기업이 경쟁우위를 잃지 않는지 늘 주의 깊게 살펴봐야 한다. 그렇지 않으면 수익성과 기업가치를 훼손해 영구적인 자본손실로 이어질 수 있기 때문이다.

기업이 얼마나 오랫동안 탁월한 성과를 유지할 수 있는지 평가하는 것은 매우 중요하다. 최근 5년에서 10년 동안의 실적을 살펴보는 것은 괜찮은 방법이다.

또 회사가 마케팅이나 연구개발에 지속적으로 충분히 투자한다면 향후 10년 동안의 전망도 개선될 수 있다. 해자 자체도 중요하지만, 기업이 경쟁우위를 유지하고 강화하기 위해 기울이는 노력도 그만큼 중요하다.

나이키는
수십 년에 걸쳐 오늘날의 브랜드를 신중하게 구축해 왔으며,
소비자들의 의식 속에 브랜드 가치를 심기 위해
지금도 꾸준히 투자하고 있다.

예를 들어 젊은이들 사이에서 유행한 지 2년밖에 안 된 의류 브랜드의 단기적인 인기보다 나이키의 브랜드파워가 더 가치 있다고 할 수 있을 것이다. 나이키는 막대한 예산과 타의추종을 불허하는 광고 캠페인으로 승부를 걸고 있다. 그 결과 비즈니스 주변에 깊고 넓은 해자가 생겨났다. 반면, 신생 의류 브랜드의 제품 같은 경우는 유행에 민감할 수 밖에 없기 때문에 금방 사라지는 경우도 많다.

'안전마진'에 대한 재해석

경쟁우위는 퀄리티 투자자에게 안전마진Margin of safety을 제공한다. 하지만 이는 벤저민 그레이엄과 데이비드 도드David Dodd가 1934년에 출간한 『증권분석Security Analysis』에서 의미했던 것과는 다소 차이가 있다.

'가치투자의 창시자'들은 『증권분석』에서 주가와 내재가치의 차이가 충분히 클 때 '안전마진'이 존재한다고 주장했다. 투자자가 내재가치를 추정할 때 안전마진은 투자가 재앙으로 바뀌는 것을 방지하는 보호장치를 제공한다. 내재가치를 주당 100달러로 추정했는데, 주가가 95달러를 맴돌면 안전마진이 거의 없다. 하지만 주가가 70달러라면 이야기가 다르다. 안전마진이 충분히 많기 때문에 큰 손실을 볼 가능성은 그만큼 낮아진다. 그레이엄과 도드의 아이디어를 적용하면, 예기치 않은 상황에서 자신을 지킬 수 있는 간단하면서도 효과적인 방법을 찾을 수 있다.

문제는 지금의 시장은 1934년보다 더 효율적으로 바뀌었다는 점이다. 지금의 시장은 보다 효율적이기 때문에, 정상적인 시장 상황에서는 회사가 근본적으로 문제가 있다고 시장이 판단하지 않는 한, 공정가치 대비 30% 이상 할인된 가격의 주식은 찾아보기가 어렵다(그렇다고 오해하지는 말아주기 바란다. 우리는 평범한 기업을 대폭 할인된 가격에 매수하는 것이 어려워서 퀄리티 기업들을 찾는 것이 결코 아니다).

따라서 퀄리티 투자자는 '안전마진'을 지금의 시장 상황에 맞게 재해석한다. 이는 전통적인 안전마진과는 조금 다른 의미이다.

퀄리티 투자자는
주로 기업의 경쟁우위에서 '안전마진'을 발견하고,
그다음 순서로 주가를 고려한다.

경쟁우위가 아주 강력해서 회사가 몇 년 후에도 여전히 시장을 지배할 수 있을 것 같다면, 나는 이를 상당한 안전마진이라고 생각한다. 만약 이 회사의 경쟁우위가 약화된다면, 수익률의 상당 부분을 경쟁업체에게 빼앗길 수 있다. 이렇게 되면 이 회사의 실적과 밸류에이션은 하락할 수 밖에 없다.

경쟁우위가 강력할수록 안전마진은 더 커진다. 따라서 퀄리티 기업의 가치는 경쟁우위의 강도에 달려 있다.

유형자산과 무형자산의 엄청난 차이

앞서 언급한 메타, 비자, 스타벅스, 애플 등 지속가능한 경쟁우위를 누리고 있는 기업들은 각자의 방식으로 제품과 서비스를 통해 세계를 정복했다는 공통점을 가지고 있다.

하지만 또 다른 놀라운 유사점을 발견할 수 있다. 이들 기업의 시장 가치는 건물, 토지, 기계, 차량과 같은 유형자산에 의존하지 않는다는 점이다. 수십억 달러 규모에 달하는 기업의 가치는 거의 전적으로 회계에 반영되지 않는 무형자산에서 비롯된다.

브랜드파워, 평판, 데이터베이스, 고객 관계와 같은 요소를 떠올려 보라. 이런 자산은 본질적으로 물리적이지 않다는 점에서 유형자산과 다르다. 눈으로 보거나 만질 수 없다.

기업들의 자산 유형별 투자 현황을 보면 최근 수십 년 동안 전 세계적으로 크게 변화했다. 과거에는 기업들이 주로 유형자산에 투자했지만 이제는 다르다. 오늘날에는 무형자산에 더 많이 투자하는 추세다. 미국은 이런 변화의 선두에 있다. 1990년대 중반부터 유형자산보다 무형자산에 더 많은 돈을 쓰고 있다. 건물, 차량, 토지에 투자하는 대신 연구개발, 마케팅, 기술, 인력에 투자하는 방향으로 바뀌고 있는 것이다. 이런 추세의 변화는 2009년 이후 유럽에서도 뚜렷하게 나타난다.[14] (〈그림 3-2〉 참고)

어떤 사람들에게 고정자산은 일이 잘못될 경우를 대비해 안정감

---

14 Intaninvest.net

| 그림 3-2 | 미국의 자산 유형별 투자 비율(1977~2017년)

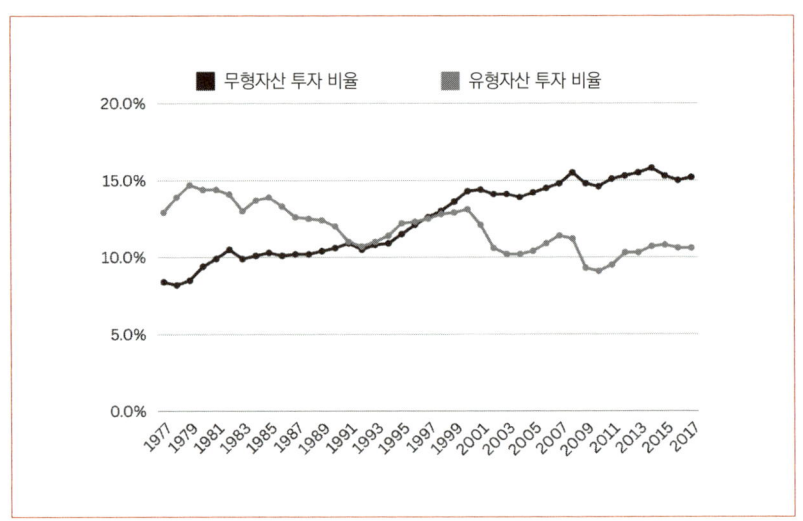

자료 : Intaninvest.net

을 주기도 한다. 나중에 파산할 경우 팔 수 있는 무언가가 있기 때문
이다. 이 같은 주장에도 일리가 있다. 하지만 퀄리티 투자자라면 가장
강력한 경쟁우위가 무형자산에 있다는 사실을 인정해야 한다.

물론 유형자산은 경쟁자들을 어렵게 만들 수 있다. 막대한 초기 투
자가 필요한 업종에서의 유형자산은 자연스럽게 진입장벽이 된다.
경쟁자가 소규모 업체인 경우 시장 진입에 어려움을 겪을 테니 말이
다. 하지만 막대한 초기 투자비용이 문제가 되지 않는 경쟁자라면 이
야기가 다르다. 유형자산은 복제가 가능하다.

무형자산의 경우를 설명하기 위해 청량음료 생산업체인 코카콜라
를 예로 들어보겠다. 청량음료가 생산되는 공장은 충분한 자본을 가
진 경쟁업체가 복제할 수 있다. 공장은 실체가 있다. 하지만 복제가

불가능한 것도 있다. 한 세기 넘게 개발된 레시피와 브랜드네임은 쉽게 모방할 수 없다. 그리고 바로 여기에 기업의 가치가 있다.

코카콜라는 전 세계 어디에서나 접할 수 있는 친숙한 이름이다. 그리고 모든 사람의 의식 속에 뿌리를 내리고 있다. 이를 마음만 먹으면 모방할 수 있을까? 우리는 물론 부모님, 심지어 조부모님까지 함께한 이 브랜드와 쉽게 경쟁할 수 있을까? 브랜드가 제대로 역할을 하면 아무리 많은 돈을 들여도 모방할 수 없다. 코카콜라가 그 대표적인 예다.

워런 버핏은 그에게 1,000억 달러를 주고
코카콜라의 글로벌 시장 리더십을 인수해보라고 한다면,
그 제안을 거절할 것이라고 말한 적이 있다.
이는 그것이 불가능한 일이라는 뜻이다.

무형자산이 갖는 위험성

무형자산과 관련된 위험도 있다. 만약 무형의 제품을 쉽게 모방하거나 개선할 수 있다면, 기업은 상당한 유형자산을 보유한 기업보다 더 빨리 문제에 직면할 수 있다.

가장 먼저 생각해볼 것은 '확장성'이다. 지적재산과 같은 무형자산에 의존하는 비즈니스가 현저하게 강력한 경쟁우위를 누리고 있다면, 그 확장성은 아주 매력적이다.

소프트웨어 회사가 좋은 예다. 소프트웨어 개발과정에서는 상당한 투자를 해야 한다. 또 제품이 실패할 경우 발생한 비용을 회수할 수도 없다. 하지만 제품이 성공하면 소프트웨어 회사는 큰 비용을 들이지 않고도 자신이 권리를 보유한 제품을 전 세계 곳곳에 끝없이 배포할 수 있다. 저장매체에 구워내기만 하면 되지만, 서비스형 소프트웨어의 등장으로 더 이상 그럴 필요마저 없어졌다. 이제 생산비용은 사실상 존재하지 않는 것과 마찬가지다.

반면 유형자산은 시간이 지남에 따라 교체해야 하고, 한 번에 한 곳에만 보관할 수 있다. 생산량을 늘리기 위해서는 공장을 새로 짓고 자재를 구입해 생산능력을 높여야 한다. 이를 위해서는 소프트웨어 회사에 비해 더 많은 투자가 필요하다.

무형자산은 확장성이 뛰어나지만, 이런 확장성은 현재 업계를 선도하는 기업들만의 전유물이 아니다. 확장성의 장점은 갑자기 단점으로 바뀔 수도 있기 때문이다.

경쟁업체가 더 나은 제품, 서비스 또는 비즈니스 모델을 도입하면 무적의 존재로 여겨지던 현재의 업계 리더에게 위협이 될 수 있다. 이런 위협은 무형자산이 강력한 경쟁우위에 의해 보호되지 않을 때, 항상 존재한다.

두 번째로 생각해볼 것은 '회사가 어려움을 겪는 경우'다. 무형자산을 주로 보유한 회사가 어려움을 겪고 파산이 불가피한 경우, 무형자산은 일반적으로 가치가 거의 없다. 무형자산은 회사가 활발하게 운영되는 경우에만 유용하다.

무형자산은 회사가 파산할 경우 다른 곳에 매각하기 어렵다. 브랜드나 데이터베이스와 같은 무형자산은 특정 비즈니스와 크게 연관되어 있는 경우가 많기 때문이다. 다시 말해 다른 사람에게는 별 쓸모가 없는 경우가 많다. 따라서 매각이 불가능하지는 않더라도, 사실상 쉽지 않다.

반면에 유형자산의 경우는 고도로 전문화된 장비가 아니라면 일반적으로 어느 정도 가치를 회수하는 것이 가능하다. 건물, 토지, 차량은 다른 회사에서도 사용할 수 있으므로 청산하기가 더 수월하다.

세 번째로 생각해볼 것은 '자금 조달'과 관련된 것이다. 브랜드나 특허는 그것을 개발한 회사에게만 유용한 경우가 많다. 따라서 회사가 어려움을 겪을 때는 무형자산을 많이 보유한 경우 자금 조달이 어려워질 수 있다. 유형자산은 일이 잘못될 경우를 대비해 담보로 제공될 수 있다. 하지만 무형자산은 다르다.

은행 입장에서는, 만일의 경우 건물이나 차량을 매각해 투자금의 일부를 회수할 수 있다. 하지만 무형자산을 주로 보유한 기업의 경우 회수할 수 있는 자산이 없을 수도 있다. 유형자산과 달리 무형자산은 상황이 나빠지면 사실상 아무런 가치가 없다.

게다가 이런 경우 투자자들이 해당 업종 전체가 위험하거나 매력적이지 않다고 판단할 수도 있다. 그렇게 되면 경쟁사들마저 자금 조달에 어려움을 겪을 수 있다. 그리고 신생 기업의 시장 진입 자체가 어려워질 수도 있다.

핵심 포인트

- 퀄리티 기업의 주요 특징 중 하나는 지속가능한 경쟁우위를 확보하고 있다는 점이다. 경쟁우위는, 경쟁자가 수익을 침해하지 못하는 상황에서 장기적으로 평균 이상의 성과를 달성할 수 있게 한다.

- 지속가능한 경쟁우위는 브랜드파워, 규모의 경제, 특허 등 다양한 방식으로 나타날 수 있다. 또 높은 전환비용, 네트워크 효과, 인재 유치 역량 등에서도 발생할 수 있다.

- 지속가능한 경쟁우위는 회사의 실적에서 발견할 수 있다. 회사가 수년간 지속적으로 평균보다 높은 성과 또는 투하자본에 대한 이익을 창출해 왔다면, 이는 경쟁사를 압도하는 지속가능한 경쟁우위를 갖췄다고 볼 수 있다.

- 투자자의 임무는 이런 경쟁우위의 원천을 발견하고, 회사가 계속해서 수익을 얻을 수 있는 가능성을 평가하는 것이다.

- 퀄리티 투자자는 경쟁우위가 강력할수록 안전마진은 더 커진다고 본다. 따라서 기업이 충분한 투자를 통해 경쟁우위를 보호하고 있는지 반드시 확인해야 한다.

- 지속가능한 경쟁우위를 보유한 기업으로 구성된 포트폴리오를 목표로 한다면, 이런 기업의 성공은 무형자산에 크게 의존한다는 사실을 인정해야 한다.

- 무형자산은 '회수할 수 있는 가치'가 없는 경우가 많기 때문에 분명 리스크가 있다. 하지만 무형자산은 복제하기 어렵다는 장점

또한 갖고 있다.

• 투자자는 항상 경계를 늦추지 말고 위험성을 인식해야 한다. 무형의 제품이 쉽게 복제될 수 있다면, 유형자산 위주의 기업보다 더 빨리 문제에 직면할 수 있다. 따라서 사실상 '모방할 수 없는 자산'을 보유한 기업을 선택해야 한다.

5. 가격결정력을 갖고 있는가?

경쟁업체에게 고객을 빼앗기지 않고도 가격을 인상할 수 있는 기업

지금까지 퀄리티 투자에서 지속가능한 경쟁우위의 중요성에 대해 다각도로 살펴봤다. 이제 경쟁우위가 무엇이고, 어떻게 인식할 수 있는지 잘 알게 되었을 것이다. 그런데 여기서 한 가지 더 주목해야 할 것이 있다. 어떤 경우에는 지속가능한 경쟁우위가 또 다른 특징을 나타내기도 하는데, 그것이 바로 '가격결정력'이다.

비즈니스를 평가할 때 가장 중요한 요소는 '가격결정력'이다.
경쟁업체에 점유율을 빼앗기지 않고도 가격을 인상할 수 있다면,
아주 좋은 기업이다.
반대로 가격을 조금이라도 올리려면
고객이 떠나지 않게 기도부터 해야 한다면, 끔찍한 기업이다.
나는 이 두 경우를 모두 경험해봤고, 차이점을 잘 알고 있다.
- 워런 버핏(미 의회 금융위기조사위원회 인터뷰 내용 중)

가격결정력은 '아주 좋은 기업'이 가지고 있는 매우 귀중한 특징 중 하나다. 그렇다면 가격결정력이란 정확히 무엇이며, 어떻게 나타

나고, 어떻게 식별할 수 있을까? 또 가격결정력은 지속될 수 있는 것일까?

가격결정력은, 기업이 고객을 떠나보내지 않으면서도 가격을 인상할 수 있는 정도를 가리킨다. 다시 말해 매출 감소 없이 매년 가격을 인상할 수 있다면, 이 기업의 가격결정력은 강하다고 할 수 있다.

반면에 소폭의 가격을 인상했을 뿐인데 고객이 절반으로 줄어들었다면, 이 기업은 가격결정력이 없다고 보는 것이 합리적이다.

가격결정력은 어디에서 나오는가?

가격결정력은, 기업이 독보적인 무언가를 제공할 수 있는 안정된 위치에 있을 때 생긴다. 고객은 적절한 대안이 없는 탁월한 제품이나 서비스에 대해서만 가격 인상을 용인한다.

고객이 구매를 위해 우선 가격부터 살펴보는 경우라면, 가격결정력은 존재하지 않는다. 예를 들어 통신회사가 가격을 대폭 인상하기로 결정한다면, 고객은 더 저렴한 통신회사로 바꿀 수 있다. 다른 곳에서 더 적은 비용으로 같은 서비스를 받을 수 있기 때문이다.

하지만 강력한 브랜드를 가진 경우라면 이야기가 다르다. 이런 기업은 가격 인상을 충분히 감당할 수 있는 경우가 많다.

많은 소비자가 브랜드는
특별한 무언가를 가져다준다는 인식을 가지고 있다.

그리고 이런 생각은 지불 성향을 강화한다.

프랑스의 거대 뷰티 기업인 로레알은 한 컨퍼런스에서 자생적 매출 성장의 약 85%가 '가격 인상'과 '차별화'에서 기인한다고 밝혔다. 언뜻 보기에 이는 간단하고 비용 부담이 없는 성장 방식처럼 보일 수 있다(그리고 어느 정도는 사실이기도 하다. 기업이 물량을 늘리면 항상 관련 비용이 발생하는 반면, 가격 인상은 즉시 이익에 반영된다). 하지만 지금의 '로레알'이라는 이름의 세계적인 브랜드가 만들어지기까지는, 1909년에 시작해 100년이 넘게 이어진 지속적인 재투자가 있었다는 점을 간과해서는 안 된다. 그리고 이런 노력은 오늘날에도 계속되고 있다.

사실 로레알은 브랜드 가치를 유지하고 관련 이점을 지속적으로 누리기 위해 계속 투자해야만 한다. 마케팅비용을 삭감하면 브랜드 파워가 얼마나 빨리 약화될 수 있는지 알면, 당신은 깜짝 놀랄 것이다. 2022년 광고예산이 약 120억 유로에 달하는 로레알은 세계 최대 광고주 중 하나다. 그리고 이런 지속적인 브랜드 가치 제고는 로레알의 주주들을 안심하게 만든다.

고객에게 없어서는 안 될 제품

고객의 핵심 활동에 큰 영향을 미치는 제품이나 서비스를 저렴한 가격에 제공하는 기업이 시장에 등장하는 순간은 아주 흥미롭다. 영국-네덜란드 데이터 제공업체인 렐엑스RELX의 사업보고서에는 매년 다음과 같은 내용이 있다. "우리 제품은 고객의 총지출에서 차지하는 비중이 1%에 불과하지만, 나머지 99%에 중요하고 긍정적인 영향을 미칠 수 있다."

고객에게 없어서는 안 될 필수품이지만 가격은 사소한 수준에 불과하다면, 유리한 지점에 있는 것이다. 이 경우 품질이 우선시되고 가격은 덜 중요해지므로, 더 높은 가격을 책정하기가 훨씬 쉬워진다.

신용평가시장을 예로 살펴보자. 신용평가사는 채권 자체뿐만 아니라 채권발행사의 신용도 역시 평가한다. 신용평가사 S&P글로벌S&P Global, 무디스Moody's, 피치Fitch는 '빅3'로 불리며, 시장을 거의 완벽하게 장악하고 있다. 한마디로 '업계 표준'이다.

이들 기업이 지속가능한 경쟁우위를 점할 수 있는 것은 주로 오래 전부터 이어져 온 평판 덕분이다. 대부분의 기관투자자는 채권발행사가 이들 중 하나 이상을 지정하도록 요구한다. 만약 채권발행사가 이렇게 널리 알려진 평가기관 대신 잘 알려지지 않은 평가기관을 선택한다면 신뢰도에 의심을 받을 수도 있다.

이들 기업은 고객에게 없어서는 안 될 존재이며, 가격결정력의 일부는 이런 고객으로부터 나온다. 그리고 나머지 부분은 비용으로 설명할 수 있다. 일반적으로 신용평가비용은 채권 총발행액의 5~10베이시스포인트basis Poin, bp 정도다. 다시 말해 비용이 차지하는 비중은 0.1% 이하 수준에 불과한 셈이다.

좋은 평판과 정성적 평가, 그리고 상대적으로 저렴한 비용이 모두 더해진다면, 아마도 가장 좋은 형태의 가격결정력이 생길 것이다.

고객에게 없어서는 안 될 제품의 경우

가격 인상은 큰 의미가 없다.

그래서 신용평가기관은 매년 물가상승률보다 더 높은 수준으로

가격을 올릴 수 있는 것이다.

명품의 세계

어떤 경우에는 특이한 상황이 벌어지기도 한다. 품질이 좋은 제품 중에서는 가격이 비쌀수록 더 갖고 싶어지는 경우가 있다. 이런 현상은 제품을 가짐으로써 사회적 지위가 높아지는 것과 같은 느낌을 주는 '명품의 세계'에서 종종 벌어진다.

롤렉스Rolex나 파텍 필립Patek Philippe 시계를 떠올려 보라(실제로 파텍 필립 시계는 '소유하는 것'이 아니라 '다음 세대를 위해 관리정도만 하는 것'인지도 모른다[15]). 롤스로이스(롤스로이스 가격에 대해 문의해야 한다면, 당신은 롤스로이스를 살 수 없다), 페라리(페라리는 항상 시장 수요에 조금 못 미치게 차를 생산한다), 람보르기니(람보르기니 운전자는 TV를 보

---

15 "다음 세대를 위해 관리한다"라는 문구는, 파텍 필립 시계의 변치 않는 품질과 장인정신, 시대를 초월한 매력을 강조하기 위한 표현이다. 시계를 소유한 사람은 단순히 자신을 위해 소유하는 것이 아니라 이 시계를 관리하고 그 가치를 보존해 후손에게 물려줄 사람이라는 것이다. 한마디로 이 명품시계는 세대를 뛰어넘는 가보 또는 투자로 간주된다는 것을 의미한다―옮긴이.

지 않기 때문에 TV에서 람보르기니 광고를 볼 수는 없을 것이다)와 같은 고급 자동차도 한번 생각해보라.

그리고 '할인 판매' 대신 '소각'을 택하는 고급 명품백도 있다.

소문에 의하면, 루이비통은

재고로 남은 핸드백을

할인 판매하는 대신 차라리 소각한다고 한다.

재고로 남은 제품이라도 가격을 조금만 할인해서 팔면 되지 않을까? 사람들은 멀쩡한 제품을 왜 소각하는지 도무지 이해하기 어려울 것이다. 하지만 독점성이 가장 중요한 특성인 명품 브랜드의 경우, 이렇게 하는 것이 맞는 선택일 수 있다. 명품의 세계에서는 '할인'이 적절하지 않은 것으로 인식된다.

이런 엄격한 조치는 오로지 제품을 매력적인 상태로 유지하기 위해 취해지는 것이다. 소형차 한 대 값에 해당하는 핸드백을 연인에게 사준 고객 입장에서는, 몇 주 뒤 이웃이 할인행사를 통해 같은 핸드백을 절반 가격에 사 아내에게 선물하는 모습은 결코 보고 싶지 않을 것이다.

한편, 어떤 기업은 다른 전략을 선택하기도 했다. 미국 의류 브랜드인 타미 힐피거Tommy Hilfiger는 1990년대에 전성기를 누렸다. 가격은 비쌌지만 한창 인기를 모았던 이 의류는 미국 대중문화를 상징했다. 수많은 유명 아티스트를 포함해 누구나 이 브랜드를 선망의 대상으로 여겼다. 이런 성공이 실적에 반영되어 회사는 크게 성장했다.

타미 힐피거는 분명 번창했다. 하지만 시간이 지나면서 경영진은 욕심을 부려 '독점'보다는 '성장'을 선택했다. 이 브랜드는 선글라스, 향수, 저렴한 티셔츠, 수많은 액세서리 등 다양한 제품에 타미 힐피거의 이름을 붙였다. 그리고 그 결과 공급 과잉이 발생했다.

이 업계에서 '공급 과잉'은 부정적인 단어로 인식된다. 왜 그럴까? 글로벌 화장품 기업 에스티 로더의 전 CEO 레오나드 로더Leonard A. Lauder는 그의 회고록 『내가 지키는 회사 : 아름다움 속의 내 삶The Company I Keep: My Life in Beauty』에서 그 이유를 다음과 같이 요약했다. "이 사업을 하고 있다면 '명품의 범주'를 굳건히 지켜야 한다. 브랜드 가치와 어울리지 않는 방식의 수익 따위에 핵심 정체성을 포기해서는 안 된다."

레오나드 로더는 (브랜드 가치와 어울리지 않는 방식인) '공급 과잉'이 명품 브랜드에 치명적이라는 사실을 잘 알고 있었다. 그는 이 독특한 업계에서 제품을 먼저 보호해야 한다는 사실을 분명히 인식하고 있었다.

하지만 타미 힐피거는 성장에 도움이 된다는 이유로 대량 생산의 길을 선택했다. 공급 과잉으로 인해 어디선가 항상 판촉행사 중인 제품을 볼 수 있었고, 한때 선망의 대상이 되었던 브랜드는 마침내 프리미엄 지위를 잃게 되었다. 그러니까 타미 힐피거의 경우 '독점적인 매력'과 '가격결정력'이 동시에 사라져버렸다. 이런 현상은 루이비통의 과감한 재고 정책과 레오나드 로더의 말을 상기한다면, 더 쉽게 이해할 수 있을 것이다.

 기업의 가격결정력을 정확히 측정하는 것은 매우 어렵다. 하지만 고객이 불만을 제기하기 전까지 가격을 몇 퍼센트나 인상할 수 있을지 자문해보면 어느 정도 감이 올 것이다. 그렇다면 어느 시점에서 고객이 완전히 떠날까?

숫자로 알 수 있는 방법

 이제 '수치로 가격결정력을 파악하는 방법'에 대해 알아보자. 하지만 여기에는 다양한 요인이 작용하는 경우가 많으므로 대략적인 지표일 뿐이라는 점에 유의해야 한다.

 가격결정력을 파악하는 데 일반적으로 사용되는 정량적 방법은, 매출총이익률gross margin이 얼마나 높은지와 안정적인지를 이용하는 것이다.

 매출총이익률은 영업비용은 고려하지 않고 생산비용만 고려해 제품 자체의 수익성을 나타낸다. 매출총이익률이 60%라는 것은 회사가 4달러에 제품을 생산해 10달러에 판매한다는 것을 의미한다. 이를 수행할 수 있는 기업은 경쟁업체가 이런 이점을 빼앗아가지 못하기 때문에 수익의 상당 부분을 이익으로 유지할 수 있다.

 이익이 안정적이거나 증가하는 이유 중 하나는 생산비용 상승을 가격인상으로 고객에게 전가할 수 있기 때문이다. 가격결정력이 없는 기업은 생산비용이 상승하면 영업이익의 하방 압력을 받게 된다. 따라서 가격결정력을 가진 기업은 인플레이션 시기에 더 탄력적으로

| 그림 3-3 | 에르메스의 매출총이익률

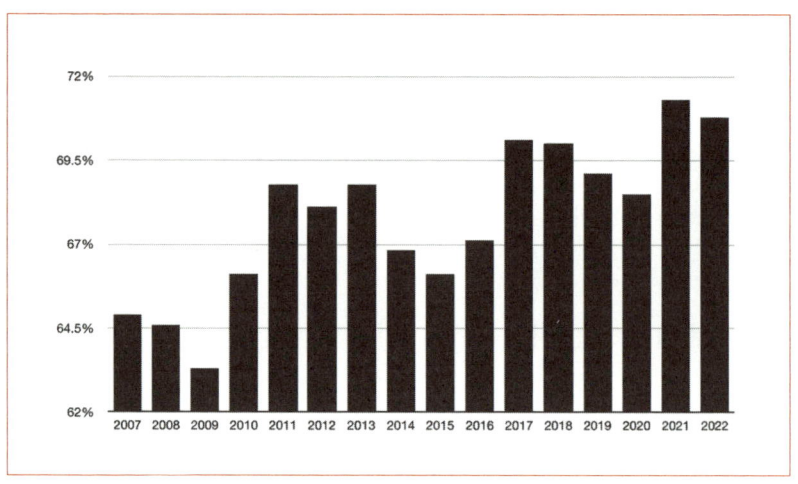

자료 : 에르메스

대응할 수 있다. 투자자의 입장에서는 안심할 수 있는 상황이다.

〈그림 3-3〉에서 보듯이 에르메스의 매출총이익률이 높고, 더 나아가 상승 추세에 있음을 알 수 있다. 이는 회사가 가격결정력을 가지고 있다는 증거다.

핵심 포인트

- 기업이 고객을 잃지 않고 가격을 인상할 수 있는 능력을 '가격결정력'이라고 한다. 이는 지속가능한 경쟁우위를 가진 상황에서 자주 확인되는 현상이다.
- 가격결정력은 기업이 독보적인 제품을 제공할 수 있는 안정적인 위치에 있을 때 발생한다. 고객은 적절한 대안이 없는 탁월한 제

품이나 서비스에 대해서만 가격 인상을 받아들일 수 있다.

- 높고 안정적인 매출총이익률은 기업이 가격결정력을 가지고 있으며, 비용상승을 고객에게 전가할 수 있음을 나타낸다.

- 기업이 가격결정력을 신중히 행사하고, (고객과 규제당국의 반발을 피하기 위해) 적절한 투자를 지속하면서 제품의 품질을 유지한다면, 오랫동안 수익성을 유지할 수 있다.

- 기업이 물량을 늘리면 항상 관련 비용이 발생하는 반면, 가격 인상은 즉시 이익에 반영된다. 또 저성장 환경에서도 가격결정력을 가진 기업은 성장을 어느 정도 조절할 수 있으며, 인플레이션으로부터 투자자를 보호할 수 있다.

6. 선도적인 시장 지위를 가진 회사인가?

1997년 5월의 아마존

어떤 투자자들은 꾸준히 '내일의 승자'를 찾는다. 이들은 유망한 전망을 가진 기업, 가급적이면 시가총액이 작지만 기하급수적인 성장이 가능한 기업을 찾기 위해 전 세계 시장을 샅샅이 뒤진다.

일반적으로 이런 기업은 수익성이 낮지만, 시장에서는 높은 기대치를 바탕으로 가치를 평가한다. 때로는 단 한 번의 성공이 이전의 모든 실패를 잊게 만들 수 있다.

1997년 5월의 화창한 봄날, 많이 알려지지 않았던 온라인서점 아마존Amazon에 1만 달러를 투자하기로 결심했다고 상상해 보자. 그 주식을 26년 동안 가격 변동에 영향을 받지 않고 꾸준히 보유했다면, 과연 어떤 일이 일어났을까?

내가 여러분을 대신해 조사를 해봤다. 1997년 5월 14일 분할 조정[16] 후 아마존 1주는 0.075달러에 매입할 수 있었다. 그리고 2023년 5월에는 이 주식의 가치가 111달러로 상승했다. 즉, 초기 투자금 1만 달러는 약 1,500만 달러로 불어났다. 그러니까 이 한 번의 투자로 경

---

16 '주식 분할'은 주식의 주당 가치를 일정 비율만큼 감소시키는 것이다. 따라서 정해진 비율만큼 더 많은 주식이 발행된다. 이렇게 하면 총 자본금을 줄이지 않고도 주식 가격을 낮출 수 있다. 주식이 추가 발행된다고 해서 주식 가치가 희석되지는 않는다. 주식 분할의 목적은 주식의 거래 가능성을 높이는 것이다.

제적 자유를 얻을 수 있었을 것이란 이야기다.

1997년 5월 아마존에 투자하는 이런 경우는 물론 아주 특별한 일이다. 만약 나에게 이런 일이 일어났다면, 이후 이런저런 모임에서 모두들 나를 '선구자'라고 칭송했을 것이다. 그리고 나는 두고두고 많은 사람들 앞에게 내가 왜 그 당시 아마존을 선택했는지에 대해 조금은 과장해서 설명했을 것이다. 그 자리에서 나는 설득력 있게 이야기를 만들어 냈을 것이다.

그러나 실제로 그날 내가 무엇을 했는지는 기억이 나지 않는다. 1997년 5월은 아름다운 날이었겠지만, 한 가지 확실한 것은 내가 아마존을 사지 않았다는 것이다.

투자자로서 스스로에게 물어봐야 할 질문은 이런 탁월한 성과에 대해 어느 정도까지 스스로를 칭찬할 수 있는가 하는 것이다. 실력인가? 아니면 운인가? 아무리 선견지명이 있다고 해도 1997년에 아마존의 성공 스토리를 얼마나 예측할 수 있었을까? 당시 그저 온라인서점에 불과했던 이 곳이 오늘날 세계 최대 기업 중 하나가 될 것이라고 예측할 수 있었을까?

20여년이 지난 지금 아마존이 마이크로소프트와 알파벳 같은 거대 기업을 제치고 클라우드 분야의 세계적인 리더가 될 것이라는 사실을 그 당시에도 알 수 있었을까? 기막히게 잘 맞추는 점괘 도구를 가지고 있지 않았다면 알 수 없었을 것이다. 오늘날 우리가 알고 있는 클라우드가 그 당시에는 존재하지 않았기 때문이다.

만약 당시 아마존을 샀다면 매수 타이밍이 인상적일 수는 있지만, 이것은 운이 좋았을 뿐이다. 그리고 투자의 기술, 아니 장인정신은 그

후 주식을 어떻게 처리했는지에 달려 있다.

상상해보라. 당신은 닷컴버블과 금융위기로 주가가 90% 이상 하락하기도 했던 시기를 모두 견디며 20년 넘게 주식을 보유했다. 또 흔들리지 않고 회사와 경영진을 지속적으로 재평가했다. 그것도 성공적으로 말이다. 이는 투자자로서 존경할 만한 뛰어난 업적이다. 통찰력, 인내심, 그리고 감정에 휘둘리지 않았다. 결국 당신은 극단적인 하락기에도 매도하지 않았고, 과도한 상승기에도 매도하지 않았다. 일관되게 올바른 판단을 내렸고, 장기적인 관점에 초점을 맞춘 것이 분명하다.

만약 그렇게 했다면, 박수를 보낸다!

'내일의 승자'에 대한 나의 생각

기업이 하나의 혁신적인 제품을 보유했다고 해서 저절로 '내일의 승자' 자리에 오를 수 있는 것은 아니다. 진정한 승리는 획기적인 제품과 기업 자체를 지속적으로 혁신하는 경영진의 능력에 오히려 크게 좌우된다.

빌 게이츠Bill Gates와 그의 팀이 새롭고 더 나은 제품을 지속적으로 선보이지 않았다면, 마이크로소프트는 그토록 지배적인 기업이 되지 못했을 것이다. 이런 지속성은 투자자와 고객에게 신뢰를 심어주었고, 마이크로소프트의 가치를 더욱 더 높여주었다.

따라서 투자자는 종목을 발굴할 때 최소한 두 단계의 작업을 해야 한다. 첫 번째 단계에서 발견한 '혁신적인 제품' 하나만으로는 충분하지 않기 때문이다. 여기서 선별된 여러 기업 중 '우수한 경영진을 보유한 기업'을 다시 한 번 가려내는, 두 번째 단계가 반드시 필요하고 중요하다.

비즈니스 모델을 더욱 발전시키고, 경쟁을 막고, 고객의 참여를 유도하고, 무엇보다도 지속적으로 혁신하는데 성공한 경영진을 선택해야 한다. 아마존의 제프 베조스Jeff Bezos와 마이크로소프트의 빌 게이츠가 바로 그런 CEO들이다. 이런 기업을 조기에 발견한다는 것은, 투자자에게는 '성배'를 거머쥐는 것과도 같은 일이다. 그리고 솔직히 모두가 이런 일이 눈앞에 펼쳐지길 희망한다.

그렇다면 이 대목에서 자문해보자. 이런 기업을 지속적으로 찾아내는 전략이 과연 성과를 거둘 수 있을까? 20년 뒤 시장 가치가 148,000%(!) 이상 상승할 '내일의 승자'를 지금 과연 발견할 수 있을까? 실망할 수 있겠지만, 그 가능성은 희박하다.

플로리다대학University of Florida의 통계에 따르면, 1980년에서 2016년까지 신규상장종목IPO의 60%가 5년 후 마이너스 수익률을 기록했다. 3,000%를 넘어서는 수익률을 기록한 경우는 단 0.1%에 불과했다. 이런 통계는 제2의 아마존을 발견할 가능성이 그만큼 매우 낮다는 것을 알려준다.

이 같은 통계를 살펴본 다음에도 이런 불가능한 일에 도전하고 싶은지 진지하게 생각해봐야 한다. 나는 이미 오래전에 결심을 굳혔다. 나는 의식적으로 내일의 승자를 적극적으로 찾지 않는다. 발견하고 싶지 않다는 것이 아니다. 오히려 그 반대다. 하지만 단 하나의 성공할 기업을 '일찌감치 찾아내는 일'은 그 가능성이 너무나 낮다.

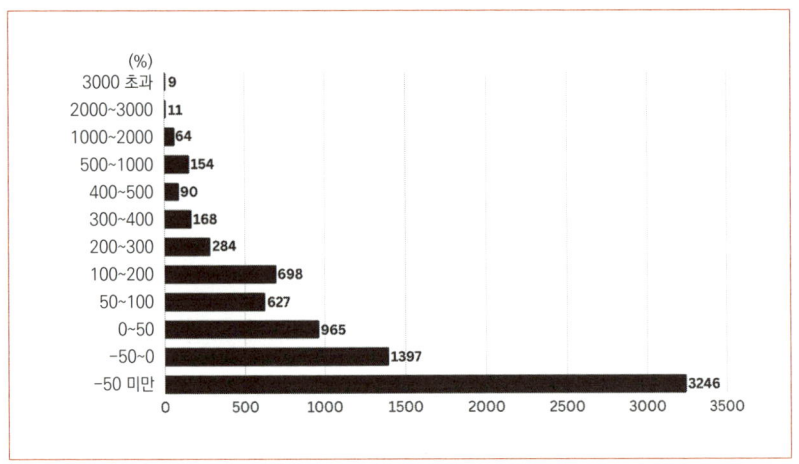

| 그림 3-4 | IPO종목의 5년 후 수익률 : 1980~2016년

```
        (%)
   3000 초과  |9
  2000~3000  |11
  1000~2000  ▌64
   500~1000  ▌154
   400~500   ▌90
   300~400   ▌168
   200~300   ▌284
   100~200   ▌698
    50~100   ▌627
      0~50   ▌965
     -50~0   ▌1397
    -50 미만  ▌3246

        0    500   1000  1500  2000  2500  3000  3500
```

자료 : 제이 리터(Jay R. Ritter), 플로리다대학 / CNBC

물론 여전히 투자자들은 유망한 스타트업에 강하게 끌리는 게 사실이다. 이는 성공이 가져다줄 수익의 크기는 고려하지만, 그 성공 확률은 고려하지 않는 투자자들의 성향과도 연관이 있다. 이를 확률무시neglect of probability라고 하는데, 이는 의사결정에 오류를 초래하는 현상이다. 롤프 도벨리Rolf Dobelli의 『스마트한 생각들 : 사람의 마음을 움직이는 52가지 심리 법칙The Art of Thinking Clearly』이라는 책에서 이를 설명하는 고전적인 연구를 발견할 수 있다.

이 연구는 1972년에 진행되었다. 참가자들은 두 그룹으로 나뉘어 첫 번째 그룹은 전기충격을 약하게 받을 것이라고 듣게 된다. 두 번째 그룹은 전기충격을 받을 확률이 50%라는 정보를 받는다. 실험이 진행되는 동안 연구자들은 심박수, 긴장감 등 신체 반응을 모니터링했다. 결과는 놀라웠다. 두 그룹 모두 동일한 스트레스를 경험했지만,

두 그룹의 신체 반응에는 차이가 없었다(전기충격의 크기에는 반응하지만, 전기충격의 확률에는 반응하지 않은 것이다).

연구진은 한 단계 더 나아간 실험을 진행했다. 두 번째 그룹에게 전기충격의 발생 가능성을 기존의 50%에서 20%로, 그다음에는 10%로, 마지막으로 5%로 줄였다고 알려주었다. 무슨 일이 일어났을까? 아무 일도 일어나지 않았다. 여전히 두 그룹 간의 스트레스 수준에는 차이가 없었다(충격의 크기에는 반응하지만, 충격의 확률에는 반응하지 않는다는 것을 재차 확인할 수 있다).

그런데 연구진이 전기충격의 강도를 높이겠다고 했을 때만 두 그룹의 신체적 각성도가 증가했다. 하지만 이때도 두 그룹 간의 흥분도에는 차이가 없었다.

이 같은 결과는 사건의 크기에는 강한 반응이 있지만, 그 확률에는 그렇지 않다는 것을 보여준다. 투자도 마찬가지다. 사람들은 '제2의 아마존'이 가져다줄 잠재적 수익에는 현혹되는 경우가 많지만, 그 신생 기업이 제2의 아마존이 될 확률에는 크게 반응하지 않는다. 대부분의 경우 신생 성장기업이 수익을 내지 못한다는 사실을 염두에 두지 않는 것이다.

이는 아직 증명되지 않은 상태에서 내일의 승자를 고르려고 하는 투자자라면 깊이 생각해 볼 문제다. 잠재적 수익률은 매력적일 수 있지만, 그 수익률을 달성할 가능성은 희박하다.

'내일의 승자'에 대한 나의 생각은 간단하다. 기회를 높이고 우수한 수익률을 기대할 수 있는 투자법은, 이미 성공한 기업에만 집중하는 것이다(테리 스미스가 '미래의 잠재적 승자'가 아니라 '이미 승자가 된 기업'에만 투자한다는 말을 들은 적이 있다. 이런 접근방식은 특별한 수익을 기대할 수 있는 '최소한의 기회' 대신 견고한 수익을 얻을 수 있는 '좋은 기회'를 우리에게 제공한다).

이런 승자는 성장성, 수익성, 혁신성이 모두 입증된 현재 시장을 선도하는 기업들이다. 아마존의 경우처럼 26년 동안 연평균 수익률 32%를 달성하지는 못하겠지만, 그래도 여전히 견고한 성과를 달성할 수 있다. 또 이런 기업들이 좋은 결과를 얻을 가능성이 훨씬 더 크기 때문에 성공 투자에 매우 중요한 요소다. 뿐만 아니라 이런 접근방식은 예측가능성이 높고 위험도 훨씬 적다.

리스크 관리는 성공 투자에서 종종 과소평가되는 측면이 있다. 많은 투자자가 높은 수익률의 잠재력에 끌리지만, 목표수익률의 달성 가능성이 낮다는 사실은 간과하는 경우가 많다.

높은 확률로 어느 정도 좋은 결과가 나오는 것이,

낮은 확률로 이보다 더 좋은 결과가 나오는 것보다

훨씬 더 매력적이다.

'시장의 리더'가 누리는 다양한 특권

퀄리티 투자자는 지속가능한 경쟁우위와 충분한 성장잠재력 등 다양한 선택 기준을 적용한다. 그리고 이런 기준들에 잘 들어맞는 경우가 바로 시장을 선도하는 기업이다.

특정 부문에서 시장을 선도하는 기업은 현재의 성공을 지속할 가능성을 크게 높이고 경쟁사보다 우위를 유지하거나 더 쉽게 확장할 수 있는 몇 가지 이점이 있다.

먼저, '시장의 리더'가 누리는 이점 중 하나는 규모의 경제economies of scale다. 규모의 경제는 다양한 형태로 나타날 수 있다. 규모의 경제를 통해 기업은 생산량이 많을수록 보다 효율적으로 제품을 생산할 수 있다.

또 시장에서 높은 점유율을 차지하고 있다면 비용 측면에서의 효율성과도 밀접한 관련이 있을 가능성이 높다. 규모의 경제는 기업이 더 많은 비용을 지출할 수 있다는 것을 의미하기도 한다. 마케팅이 중요한 역할을 하는 분야에서는 이는 큰 가치가 있다.

광고예산과 관련해 로레알보다 더 많은 비용을 지출할 수 있는 기업은 어디일까? 앞서 언급했듯이 이 대기업은 2022년에 광고 및 마케팅 활동에 약 120억 유로를 지출했지만 여전히 19%의 영업이익률을 기록할 수 있었다. 절대적인 측면에서 마케팅비용은 막대하지만, 이 기업의 높은 매출 덕분에 상대적으로 관리하기 쉬운 수준이다. 그리고 대형 광고주는 막대한 물량 덕분에 광고 협상에서 유리한 위치를 점할 수 있다.

나이키와 아디다스는 동종 업계에서 다른 기업들이 경쟁하기를 꺼리는 기업의 또 다른 예다. 이들 기업 외에 크리스티아누 호날두나 리오넬 메시 같은 축구선수에게 연간 수억 달러를 지불하고 브랜드를 홍보해 소비자들의 의식 속에 깊이 각인시킬 수 있는 기업이 또 있을까?

후발주자가 시장점유율을 높이려면 많은 노력을 기울여야 한다. 그렇다면 이런 노력이 수익성에 어느 정도 영향을 미칠까? 수익이 전혀 나지 않는 것은 아닐까? 이런 상태가 얼마나 오래 지속될까? 여기에다가 시장의 리더가 한 단계 더 도약하기 위해 이익률의 일부를 희생한다면, 상황은 어떻게 될까? 시장의 리더는 시장점유율을 지키기 위해 모든 것을 할 것이 분명하다. 따라서 후발주자 입장에서는 이런 상황들이 처음부터 벅차게 느껴질 수 있다. 이처럼 진입장벽이 높기 때문에 시장을 선도하는 기업을 따라잡기가 어렵고, 승자독식의 환경이 조성되는 것이다.

연구개발에 대한 투자에도 같은 원칙을 적용할 수 있다. 시장 규모가 1,000억 달러인 제약산업에서 시장의 리더가 40%, 후발주자가 10%를 점유하고 있다고 가정해 보자. 매년 두 회사는 각각 매출의 15%를 연구개발에 지출한다. 이 비율로 보면 현재 시장의 리더는 60억 달러를 투자하는 반면 후발주자는 15억 달러를 투자한다. 두 회사가 동일한 비율로 노력하고 있지만 절대적인 금액으로 보면 시장의 리더가 4배나 더 많다. 당연히 다음 블록버스터를 개발할 가능성은 시장의 리더 쪽이 훨씬 더 높다.

다른 분야에서도 시장을 선도하는 기업은 연구개발에 많은 예산을 투입해 우위를 유지할 수 있다. 이런 기업은 예산을 미래의 고객 니즈에 대응하는 데 사용함으로써 다음 단계로 진입할 수 있다. 연구개발에서는 현재의 수익성 있는 고객에서 미래의 고객으로 초점이 이동한다. 비용이 많이 들지만 빠르게 변화하는 세상에서 뒤처지지 않으려면 필수적이다. 그 대표적인 예가 기술 기업들이다.

만약 거대 기술 기업들이 현재 상황에 만족하고, 최소한의 투자만을 하면서 창출한 상당한 현금을 주주에게 계속 환원하기만 한다면, 시간이 가면서 결국 이 기업들은 추월당하게 될 것이다.

이 분야는 변화에 매우 민감하며 혁신이 필수적이라는 사실은 주요 기업들도 잘 알고 있다. 2023년에 마이크로소프트는 42%라는 인상적인 영업이익률을 달성했다. 그리고 연구개발에 무려 270억 달러를 투자했다. 마이크로소프트는 이 분야에서 우위를 유지하기 위해 이런 투자가 필수적이라는 것을 잘 알고 있다.

애플이나 알파벳과 같은 다른 대기업도 마찬가지다. 연구개발에 집중하는 기업은 경쟁우위를 가지고 있다. 기업의 규모가 크기 때문에 연구개발에 대한 막대한 투자에도 불구하고 높은 수익성을 유지할 수 있다. 연구개발에 집중한 뒤에도 기업을 인수하거나 배당금과 자사주 매입을 통해 주주를 만족시킬 수 있는 여력이 충분하다.

규모의 경제 외에도 시장의 리더는 자신의 입지를 강화하는 다양한 이점을 누릴 수 있다. 시장을 선도하는 기업은 가격을 결정할 수 있는 경우가 많다. 가격을 수용해야 하는 입장이 아니라 가격을 정하는 입장이라는 것이다. 또한 이런 기업은 자금 확보가 더 쉽고, 공급업체와의 협상력 역시 더 강하다. 그리고 더 많은 홍보 효과를 누린다.

특히 시장을 선도하는 기업은 최고의 인재를 유치할 수 있다. 혁신적인 아이디어가 기업의 생존을 좌우하는 지금 시대에서 최고의 인재를 유치할 수 있다는 것은 큰 장점이다.

이런 요소들이 곧바로 지속적인 성공을 보장하지는 않지만, 그 가능성을 높여준다.

결국 시장의 리더는, 선도적인 시장 지위의 지속가능성을 크게 높여주는 다양한 특권을 누리고 있다. 리더의 위치는 성공하고, 성공을 유지하기 위해 몸을 굽힐 필요가 없다는 것을 의미한다. 이는 퀄리티 투자자가 추구하는 바, 즉 과도한 위험을 감수하지 않고도 지속적으로 좋은 결과를 달성하는 것과도 일치한다.

핵심 포인트

- '제2의 아마존'을 고를 수 있는 능력이 부족하다고 생각한다면, 현재 시장을 선도하고 있는 우수한 기업에만 집중하는 것을 고려해야 한다.
- 테리 스미스는 '미래의 잠재적 승자'가 아니라 '이미 승자가 된 기업'에만 투자했다고 한다. 이런 방식은 특별한 수익을 기대할 수 있는 '희박한 기회' 대신 견고한 수익을 얻을 수 있는 '좋은 기회'를 제공한다.
- 시장을 선도하는 기업에는 몇 가지 특권이 따르기 때문에 현재의 지위를 방어하거나 확장하기가 더 쉽다. 규모의 경제가 대표적인 예다. 생산 측면은 물론이고 비용 측면에서도 효율성을 더 높일 수 있다. 더 많은 광고예산과 연구개발비용 역시 경쟁우위를 보다 공고히 한다.
- 시장을 선도하는 기업은 자금조달이 더 쉬워지고 자체적으로 가격을 결정할 수 있기 때문에 다른 이점도 있다. 공급업체와의 협

상에서 더 유리한 위치를 점하고, 더 많은 홍보 효과를 누리고, 최고의 인재를 유치할 수 있다.

- 혹여나 시기를 놓쳐 뒤처지고 있다고 판단되는 경우에라도 시장의 리더를 섣불리 무시해서는 안 된다. 물론 이런 기업의 과거 성공이 미래까지 보장하는 것은 아니다. 하지만 '시장의 리더'라는 지위는 해당 기업이 여정을 계속하고 경쟁자를 견제하는 데 분명 도움이 된다.

- 시장을 선도하고 있는 우수한 기업에만 집중하는 것은, 결정적으로 더 큰 노력을 기울이거나 더 큰 위험을 감수할 필요가 없으므로 퀄리티 투자 원칙에 잘 부합한다.

7. 유능한 경영진을 보유하고 있는가?

당신이 당신의 사업을 돌보면, 사업은 당신을 돌봐줄 것이다

1972년 8월 한 미국 청년이 인생 처음으로 자신의 자동차폐차장을 갖게 되었다. 어린 시절부터 폐차장에서 일했던 윌리스 존슨^{Willis Johnson}이 그 주인공이다. 그는 이 폐차장을 인수하기 위해 집까지 팔아야 했다. 그는 가족과 함께 폐차장 한쪽의 작은 트레일러에서 생활했다. 그리고 존슨의 이 폐차장은 현재 세계 최대 규모의 중고차 온라인경매 업체로 알려진 회사의 토대가 되었다. 이 회사의 이름은 코파트^{Copart}다.

그는 매우 열심히 일했다. 그리고 경매산업을 속속들이 알고 있었다. 고등학교 졸업장만 갖고 있었지만 스스로의 힘으로 뛰어난 사업가이자 경영자임을 증명했다. 그는 모든 이익을 재투자해 성장을 촉진했다. 그의 좌우명 중 하나는 다음과 같다. "당신이 당신의 사업을 돌보면, 사업은 당신을 돌봐줄 것이다."

1989년 그의 눈앞에 열아홉 살의 제이슨 아데어^{Jayson Adair}가 나타났다. 고등학교를 갓 졸업한 이 '애송이'가 자신의 딸과 사귀기 시작한 것이다. 그는 아데어가 마음에 들지 않았다. 아데어는 가만히 있질 못하고 끊임없이 엉뚱한 질문만 해댔다. 하지만 아내 조이스^{Joyce} 때문에 마지못해 딸의 남자친구에게 마음을 열기 시작했다. 그리고 시간이 지나면서 점점 더 아데어를 인정하게 되었다.

아데어는 나중에 장인의 이야기는 크게 과장된 것이며, 처음부터 둘은 잘 지냈다고 말하기도 했다. 사실 아데어는 똑똑하고 야심찬 젊은이였다. 그는 공부를 계속하면서도 장인의 사업을 어깨너머로 배워나가기 시작했다. 존슨은 새벽 5시에 일과를 시작했고, 아데어 역시 열정이 넘쳤다. 둘은 점점 더 많은 시간을 함께 했다. 존슨은 아데어가 매사를 날카롭게 관찰하고 종종 새로운 아이디어까지 내놓는 것에 내심 놀라기도 했다. 두 사람 사이에는 공통점이 있었다.

어느 날 아데어는 학업을 그만두고 본격적으로 사업에 뛰어들고 싶다고 말했고, 존슨은 흔쾌히 동의하며 빗자루를 건네주었다. 모든 일은 밑바닥부터 시작해서 차근차근 올라가는 법이다. 아데어는 그렇게 청소부터 시작했다. 그리고 얼마 뒤에는 지게차를 운전할 수 있게 되었고, 또 얼마 지나지 않아 다른 일을 담당하게 되었다. 아데어는 주어진 모든 업무에서 두각을 나타냈다. 또 끊임없이 업무를 효율적으로 개선하는 재주를 발휘했다. 아데어는 회사에서 빠르게 진급했다. 그리고 존슨의 신뢰는 점점 더 깊어갔다.

두 사람은 서로의 장점을 최대한 끌어냈고, 그 결과 회사는 크게 번창했다. 하지만 사업 확장에 따른 재정적 한계 또한 직면했다. 존슨과 아데어는 필요한 추가 자본을 확보하기 위해 1994년 기업공개를 단행했다. 그리고 코파트는 나스닥에 상장되었다.

코파트는 새로운 사업장을 미국 전역으로 늘려나갔다. 존슨은 이런 사업 추진에서도 탁월한 능력을 발휘했다. 그는 각 지역의 소규모 가족회사를 인수하는 방식을 택했다. 이런 업체들은 수익의 일부를 사업주 자신 또는 가족들에게 보너스로 지급하는 경우가 흔했다. 따라서 실제 수익에 비해 저평가되어 있었다. 존슨은 이런 점을 인수에 유리하게 활용했다. 또 토지의 가치와 경매에서 판매되는 차량 대수를 기반으로 자신만의 방식을 개발하기도 했다. 자동차폐차장 운영에 필요한 인허가 등 모든 것이 이미 갖춰져 있었기 때문에, 이런 볼트온 인수[17]는 처음부터 새롭게 사업장을 만드는 것보다 훨씬 더 저렴하고 효율적인 방법이었다. 물론 일부 지역에서는 업체 사업주가 매각을 꺼리는 경우가 있어 직접 새 사업장을 만들기도 했다.

사업장이 늘어날수록 코파트가 갖는 매력도는 더욱 높아졌다. 현재 코파트의 최대 고객은 전국적으로 영업 중인 보험사들이다. 손상된 차량을 회수하는 데 드는 견인비용은 코파트의 여러 사업장 덕분에 상당 부분이 절감되었다. 또 다른 소규모 업체들이 제공할 수 없는, 24시간 내에 손상된 차량을 바로 회수할 수 있는 장점도 있었다.

탁월한 사업가인 존슨은 폐차장 두 곳이 너무 멀리 떨어져 있다는 사실을 발견하면 곧바로 그 중간쯤에 새 폐차장을 열었다. 이를 통해 규모의 경제를 창출한 것이다. 처음부터 그의 목표는 동일한 파이프라인을 통해 더 많은 수익을 창출하는 것이었다. 이는 회사 이익에 도움이 되었고, 더 많은 보험사가 코파트와 파트너십을 맺는 결과로 다시 이어졌다.

두 사람의 장점은 여기서 그치지 않았다. 기술 분야의 발전은 결코 멈추지 않으며, 기업가들은 경쟁에서 앞서 나가기 위해 기술 분야의

---

17 볼트온(Bolt-on)은 자체 역량으로는 한계에 도달한 소규모 기업을 인수하는 것이다—옮긴이.

발전을 계속 파악하고 있어야 한다. 존슨과 아데어는 이를 잘 이해하고 있었다.

존슨은 더 많은 사업장을 인수하는 것 외에도 기술 분야에 지속적으로 투자했다. '폐차장'과 '기술'의 결합은 의아스럽게 보일수도 있겠지만, 이는 오늘날 비즈니스의 핵심이다. 존슨은 온라인 분야가 오프라인 분야에 비해 많은 장점이 있다는 것을 일찍이 깨달았다. 온라인은 자본집약적이지도 않으면서 더 효율적이다. 게다가 코파트가 구축한 방대한 온라인 네트워크는 전 세계의 고객을 끌어들여 판매 가격을 크게 끌어올렸다.

우수한 기술력과 온라인 네트워크의 결합 덕분에 투자는 계속해서 성과를 거두었다. 기업의 강점은 규모의 경제, 네트워크 효과, 탁월한 관리 능력의 조합에 있다. 코파트는 단순한 자동차폐차장이 아니다. 기술 기업이며 손상된 차량 분야의 이베이ebay[18]다.

21세기 초, 미국이라는 땅덩어리는 존슨과 아데어의 야망에 비해 너무 작았다. 그들은 해외로 눈을 돌렸다. 그리고 그들의 성공 공식을 세계 각지에 복제했다. 이후 몇 년 동안 캐나다, 브라질, 영국, 독일, 오만, 아랍에미리트, 스페인 등의 국가에 코파트의 새로운 사업장이 문을 열었다.

2008년 존슨은 아내의 건강 문제로 CEO 자리에서 물러났다. 그리고 얼마 뒤 아데어가 경영권을 이어받았다. 존슨은 아데어에게 자신이 알고 있는 모든 것을 가르쳐 주었고, 이제 사위에게 리더십을 넘

18　온라인 경매로 잘 알려진 오픈마켓 플랫폼 기업―옮긴이.

겨줄 때가 되었다고 확신한 것이다.

그 뒤 아데어는 주저함 없이 '코파트 제국'을 건설해 나갔다. 2023년에는 11개국에 걸쳐 250개 이상의 사업장을 운영하며 매일 26만 5,000대 이상의 차량을 거래했다. 혁신적인 기술을 통해 190개국의 구매자와 판매자를 연결하고, 매년 300만 대 이상의 차량이 코파트 플랫폼에서 거래되었다.

이런 인상적인 통계 수치는 더욱 놀라운 숫자로 변화된다. 지난 10년간의 재무보고서를 보면 매출은 매년 두 자릿수 성장률을 꾸준히 유지하고 있으며, 이익은 큰 폭으로 증가하고 있음을 알 수 있다. 투하자본이익률은 30%를 넘어섰고, 2023회계연도에는 영업이익률이 38%에 달해 10년 전에 비해 크게 개선되었다. 높은 투하자본이익률 덕분에 회사는 외부의 도움없이 자체적으로 성장자금을 조달할 수 있었다. 현재 코파트는 부채도 거의 없다. 경영진은 주가가 저평가되었다고 판단되면 사내의 현금을 활용해 자사주를 매입했다. 1994년 상장 이후 주가는 매년 20% 이상 상승했다. 존슨과 아데어는 이익의 상당 부분을 지속적으로 높은 수익률로 회사에 재투자해 코파트를 보기 드문 '복리기계'로 만들었다. 1994년 존슨과 아데어에게 2만 5,000달러를 맡겼다면, 그 돈은 거의 30년 만에 수백만 달러로까지 불어났다.

아데어는 현재 CEO로서 연봉 1달러라는 상징적인 급여를 받고 있으며, 주가가 상승할수록 더 가치가 높아지는 스톡옵션으로 추가 보상을 받고 있다. 주가 상승은 두 사람에게 큰 수익을 안겨주었다. 2023년 두 사람은 현재 시가총액이 약 500억 달러에 달하는 이 회사의 지분 약 10%를 보유하고 있다.

지금쯤이면 내가 왜 이렇게까지 길게 '코파트의 역사'를 소개했는지 궁금할 것이다(코파트의 창업자인 윌리스 존슨가 쓴 멋진 책 『정크 투 골드Junk to Gold』에서 전체 이야기를 읽을 수 있다). 이 이야기가 퀄리티를 추구하는 데 도움이 될까? 의심할 여지없이, 그렇다! 성공한 기업가와 그의 추진력 있는 사위 이야기를 공유하는 이유는, 기업의 성공에 있어 유능한 경영진의 중요성을 살펴보는 데 이상적인 기준점이 되기 때문이다. 코파트의 역사는 뛰어난 경영자가 왜 필요한지에 대한 설명들로 가득 차 있다.

'강한 기업'과 '강한 경영'

경영진을 평가하는 것은 쉽지 않지만, 반드시 필요한 일이다. 사업보고서와 위임 설명서proxy statement[19]는 경영진에 대해 알아보는 데 도움이 된다.

일반적으로 과거 실적은 경영진의 성과를 평가하는 데 이상적인 시작점이다. 퀄리티 투자의 장점에 대해서는 이어지는 장에서 다시 자세히 설명하겠지만, 본질적으로 매우 뛰어난 실적을 거둔 기업을 찾는다는 것이다. 오직 최고만이 필요할 뿐, 그 이하로는 만족하지 않는다. 따라서 이미 우수한 성과를 거둔 기업이라면, 퀄리티 투자자의

---

19 미국 기업은 주주총회에 앞서 주주들에게 미리 경영진 구성에 관한 내용 등을 담은 정보를 제공하는데, 이를 '위임 설명서'라 한다—옮긴이.

경우 과거 운영 성과를 기준으로 경영진을 따로 평가할 필요는 없다. 이 단계는 건너뛸 수 있다.

그러나 최근의 뛰어난 성과가 반드시 현재의 경영진 때문만은 아닐 수도 있다. 때로는 회사의 제품이나 서비스가 너무 뛰어나서 사실상 저절로 팔려나가고 경영진의 개입이 거의 필요 없는 경우도 있다. 워런 버핏은 "나는 바보가 운영할 수 있을 정도로 '훌륭한 비즈니스'에 투자하려고 노력한다. 가까운 시일 내 그렇게 될 수 있기 때문이다"라고 말한 적이 있다. 이처럼 특별히 실적이 뛰어난 기업의 경우 경영진이 운영 성과에 미치는 영향을 측정하기가 어려울 수 있다.

하지만 버핏의 언급은 주로 단기적인 관점에서 적용되는 말이라는 생각이 든다. 장기적으로는 경영진이 기업의 성공에 핵심적인 역할을 한다고 확신한다. 앞서 언급했듯이 기업이 성공을 유지하려면 혁신이 반드시 필요하다. 경영진의 임무는 혁신에 필요한 전략적 방향을 설정하는 것이다. 따라서 '유능한 경영진'과 '최고의 제품'은 결국 서로가 서로를 필요로 한다.

유능한 경영진은 주주의 돈을 관리하는 대리인으로서
퀄리티 투자에 없어서는 안 될 필수적인 존재다.

자본배분 능력이 핵심이다

다행히 과거 실적 외에도 경영진을 평가할 수 있는 다른 많은 특성이 있다. 그 가운데 하나는 회사가 벌어들인 돈을 어떻게 활용하는지를 살펴보는 것이다.

퀄리티 기업들은 매년 많은 현금흐름을 창출한다. 이 돈을 사용하는 방식을 자본배분capital allocation이라고 하며, 이는 경영진의 핵심적인 책임 중 하나다. 경영진은 회사가 벌어들인 돈을 회사에 재투자하거나 부채를 상환할 수 있다. 또 배당이나 자사주 매입에 활용하거나 기업 인수에 나설 수도 있다.

그렇다면 각각의 자본배분 방법에 대해 퀄리티 투자자 입장에서 좀 더 구체적으로 살펴보도록 하자.

먼저, 경영진은 자본배분 방법 중 하나로 이익을 주주에게 환원하는 선택을 하기도 한다. 하지만 경쟁이 치열한 분야의 유망한 성장기업의 경우 이익 전액 또는 그 이상을 배당금으로 분배하는 것은 좋은 생각이 아니다. 이익의 일부를 내부적으로 사용해 성장과 혁신을 촉진하고 시장 입지를 강화하는 데 사용하는 것이 더 효과적일 수 있다.

그 반대도 마찬가지다. 일부 기업은 투하자본이익률이 자본비용보다 낮다. 이런 상황에서 성장을 이어나가는 것은 주주가치를 오히려 손상시킬 뿐이다. 이 경우는 주주가 다른 곳에 투자할 수 있도록 배당으로 분배하는 것이 좋다. 다행히도 투하자본이익률이 낮은 회사는 퀄리티 포트폴리오에 포함될 가능성이 없다는 것이 분명하기 때문에 이런 걱정을 할 필요는 없다(이어지는 4장에서 다루게 될 투하자본이익률 관련 부분 참조).

또 경영진은 사용 가능한 현금을 부채 상환에 사용하여 회사의 재정 상황을 건전하게 할 수도 있다.

물론 드물긴 하지만 일부 기업은 부채가 전혀 없고 크게 성장하는 데 돈이 거의 필요하지 않는 경우도 있다. 그 결과 매년 영업활동에서 창출되는 현금이 재무상태표에 넘쳐나게 된다. 최적의 성장을 위해 필요한 것보다 더 많은 돈을 벌어들이는 것이다. 이는 이상적이면서도 특수한 상황이다. 이때 경영진은 고민에 빠지게 된다. 어찌 보면 사치스러운 고민이다. 이 많은 돈을 어떻게 사용해야 할까?

앞서 언급한 배당금 지급 외에도 경영진은 인수acquisition할 만한 기업을 찾아볼 수도 있다. 멀리서 찾기가 번거롭다면, 이미 소유한 회사의 지분을 더 많이 매입함으로써, 인수 전략과 관련된 위험을 감수하지 않고 현금을 활용하는 방법도 있다.

또 기업이 기업 스스로를 인수할 수도 있을까? 물론 가능하다. 실제로 자사주 매입을 통하면 된다. 자사주 매입은 주주에게 보상하기 위해 종종 선택되는 방법이다. 그리고 자사주 매입은 경영진의 자본 배분 능력을 가늠할 수 있는 나름의 통찰을 제공한다.

실제 회사가 과대평가되었을 때만 자사주를 매입하는 경우가 흔하다. 안타까운 대목이다. 그리고 이후 주가가 크게 조정되면, 어려운 시기가 닥칠 것을 우려해 자사주 매입은 중단되곤 한다. 보수적이고 신중한 태도를 유지하는 것은 좋지만, 만약 주가 조정 이후 회사에 변화가 없었음에도 자사주를 매입하지 않는다면, 뭔가 잘못된 것이다.

재무상태표가 허용하고 현금 창출이 충분하다면, 즉 회사의 재무상태가 양호하다면, 주가 조정은 경영진에게 자사주 매입을 위한 좋은 기회를 제공한다. 주식은 내재가치 이하로 매입할 때만 가치가 창출되며, 이것이 자사주 매입의 전제가 되어야 한다.

물론 하락장에서 매수하려면 용기가 필요한 것은 사실이다. 하지만 이때가 매수하기에 가장 적절한 타이밍이다. 경험 많은 투자자라면 대부분 알고 있는 사실이다. 그런데 회사의 돈을 이용해 회사 주식을 매입하는 경우에는, 이 같은 사실이 적용되지 않을 이유가 따로 있을까? 안타깝게도 그 반대의 경우가 상대적으로 더 많이 발생하며, 이는 최적의 자본배분을 의미하지 않는다.

또 경영진이 인수합병에 나서기로 일단 결정했다면, 이 인수가 가치를 창출하는 것이 중요하다. 그러나 현실은(너무 당연한 이야기일지 모르겠지만) 그 반대의 경우가 더 많다. 인수는 성장을 촉진할 수 있지만, 그것이 반드시 가치 창출을 의미하는 것은 아니다. 회사가 해마다 인수를 실행했지만 투하자본이익률이 감소한다면 인수 전략이 잘못되었다는 신호일 수 있다.

여러 연구에 따르면 대부분의 인수, 특히 대규모 인수는
가치를 훼손하는 것으로 나타났다.

자본배분이 중요하다는 것은 분명한 사실이다. 잉여현금흐름을 많이 창출하는 기업이라도 경영진이 매년 현금을 낭비한다면, 해당 기

업의 미래는 밝을 수가 없다.

경영진의 자본배분 1순위는 무엇보다 자체적인 성장에 있다. 그리고 회사의 건전성을 넘어서는 부채가 누적되는 경우 부채를 상환하는 것이어야 한다. 내부 성장 기회가 소진되고 회사의 재무 상태가 양호할 때만 배당, 자사주 매입, 잠재적 인수를 고려해야 한다.

자본배분이 평범한 기업보다 퀄리티 기업에게
훨씬 더 중요하다는 사실을 깨달아야 한다.
왜 그럴까?
상대적으로 훨씬 더 많은 잉여현금흐름이 창출되기 때문이다.

따라서 경영진이 자본배분을 어떻게 수행하는지 면밀히 평가해야 한다. 앞에서 소개했던 코파트의 창업자 윌리스 존슨은 이 분야에서 탁월한 성과를 보였다. 코파트 경영진은 과거에도, 그리고 지금도 자본배분의 달인이다. 이들은 이익의 상당 부분을 성장에 재투자하면서도, 작고 효율적인 인수를 지속적으로 실행해 왔다. 동시에 높은 투하자본이익률을 유지하고, 부채를 효과적으로 관리하는 균형 잡힌 전략을 펼쳐왔다.

스킨 인 더 게임

자본배분에 대한 경영진의 능력을 평가한 후에는 경영진의 배경, 보상방식, 경영진의 이해관계가 주주의 이해관계와 일치하는지 살펴보는 것이 좋다.

CEO는 가급적이면 동종 업계에서 풍부한 경험을 쌓은 사람이어야 한다. 코파트의 제이슨 아데어처럼 내부에서 승진을 거듭하며 회사 안팎을 잘 아는 사람일 수도 있다. 나는 CEO를 자주 교체하거나 외부에서만 찾으려고 하는 것보다는 이런 경우를 선호한다.

그다음은 보상방식이다. 상상도 못할 만큼의 연봉을 정당화할 정도로 뛰어난 사람은 없다. 이런 경우는 경영진의 탐욕을 의심해야 한다. 펀드매니저의 경우를 봐도 그렇다. 펀드매니저는 성과에 따라 보상을 받는가? 아니면 성과에 관계없이 넉넉한 급여를 받는가? 내가 보기에 우수한 경영진은 비슷한 기업의 CEO가 받는 연봉에 맞춰 적절한 보상을 받을 수 있다.

제이슨 아데어의 경우를 다시 보자. 아데어는 현재 연봉 1달러라는 상징적인 급여를 받고 있다. 물론 이 외에도 스톡옵션 형태로 큰 보상을 따로 받고 있기는 하다. 하지만 여기서 중요한 것은 코파트 내에서 그가 달성한 실적이 흠잡을 데가 없다는 점이다. 윌리스 존슨과 함께 코파트를 초소형주에서 S&P 500의 본격적인 구성원으로 탈바꿈시켰다. 주주들을 부유하게 만들었다. 아데어는 이 일에 적임자임을 스스로의 힘으로 입증했다. 이는 인정받아 마땅하며, 나는 아데어와 같은 CEO가 충분한 보상을 받는 것에 아무런 문제가 없다고 생각한다.

아데어는 실적 외에도 주주들에게 유리하게 작용하는 '또 다른 자산'을 갖고 있다. 바로 회사 지분에 관한 것이다. 이것은 스킨 인 더 게임Skin in the Game[20]이란 용어로 설명이 가능하다. 즉, 자신이 책임을 안고 직접 그것에 참여하는 것을 가리킨다. 2023년 말 기준 아데어가 가진 코파트 지분 가치는 거의 20억 달러에 달한다.

회사에 대한 지분이 많은 CEO는 결과적으로 회사와 주주 모두에게 이익이 되는 방식으로 비즈니스를 관리하려는 경향이 더 강하다.

자신이 근무하는 회사에 상당한 지분을 가지고 있는 CEO는

소유주로서 행동하려는 경향이 강하며,

이는 회사와 주주 모두에게 이익이 된다.

반면에 이런 것에 대한 깊은 이해가 없는 CEO도 있다. 이들은 당장의 몇 분기 또는 몇 년 동안만을 생각하고, 거액의 연봉이나 보너스부터 챙기려고 든다.

관련 연구에서도 알 수 있듯이, 가족기업은 종종 시장을 능가하는 실적을 보이는 경우가 많다. '에스티 로더 제국'의 전 CEO였던 레오나드 로더는 분기가 아닌 수십 년 단위로 생각한다고 말한 적이 있다.

---

20 '스킨 인 더 게임'은 나심 니콜라스 탈레브(Nassim Nicholas Taleb)가 쓴 동명의 책을 통해 많이 알려진 용어다. 경영진이 회사 지분을 보유하고 있는 정도로 측정되며, 이는 회사의 경영 성과가 곧바로 개인의 이익으로 연결됨을 의미한다.

단기 수익에는 부정적인 영향을 미칠 수 있지만, 장기적으로는 긍정적으로 기여할 수 있는 결정을 내린다는 것이다.

가족기업에서는 단기적인 성과보다 회사를 최상의 상태로 다음 세대에 물려주는 것이 우선시된다. 따라서 가족경영은 장기적인 비전을 위한 토대를 제공한다. 물론 다음 세대가 창업 세대만큼의 능력을 갖추고 있는지 여부는 다시 따져봐야 할 문제다.

회사와 주주의 이익이 우선이다

먼저, 경영진이 성과급 같은 보너스를 받는 경우에 대해 살펴보자. 과연 어떤 경우에 보너스를 받는 것이 타당할까? 이는 주주 입장에서는 반드시 주목해봐야 할 대목이다. CEO가 보너스를 받기 위해 주주 이익에 반하는 행동을 할 수도 있기 때문이다.

경영진은 주가 상승이나 주당순이익 증가를 달성한 경우 보너스를 받기도 한다. 특히 인수를 통해 주당순이익이 증가하더라도 보너스를 받을 수 있는 경우마저 있다.

이는 문제가 있다. '인수'가 반드시 가치를 창출한다는 의미는 아니기 때문이다. 오히려 그와는 거리가 멀다. 그리고 '주당순이익의 증가'는 성장을 달성하는 데 필요한 자본의 양을 고려하지 않는다.

이상적으로 경영진에 대한 보상은 '투하자본이익률'을 유지하거나 개선하는 것을 기반으로 해야 한다. 흔한 일은 아니지만, 이런 일이 발생하면 기업이 올바른 지표에 집중하고 있다는 것을 의미하므로 긍정적인 신호다. 다양한 연구에 따르면 투하자본이익률 개선으로 평가된 기업이 매출 성장이나 주당순이익 성장으로 평가된 기업보다 더 높은 성과를 거둔 것으로 나타났다.

또 하나 짚어봐야 할 문제는 소통에 관한 것이다. 경영진은 언제나 명확하고 투명하게 소통해야 한다. 좋은 경영진은 약속을 지킨다. 그리고 성공 사례만 공유하는 것이 아니라 잘 안 되는 점과 개선할 수 있는 방법도 함께 제시한다.

따라서 주주라면 사업보고서의 첫머리에 있는 주주서한을 꼭 읽어봐야 한다. 경영진 인터뷰나 관련 기사는 빠트리지 않고 챙겨보는 것이 좋다.

그리고 관련해서 짚어봐야 할 문제가 '경영진과의 만남'이다. 여기에는 의견이 갈리는 게 사실이다.

경험 많은 투자자는 회사를 이끄는 사람들의 능력과 성실성에 대한 통찰을 얻는 데 도움이 된다고 말한다. 따라서 투자를 결정하기 전에 경영진을 만나 직접 질문하는 것을 선호한다. 반면에 어떤 사람들은 '숫자'가 이미 회사의 실적을 정확히 알려주기 때문에 경영진과의 만남은 무의미하다고 주장하기도 한다.

각각의 주장이 다 일리가 있다. 하지만 나는, 진실은 보통 그 중간 어딘가에 있다고 본다. 대부분의 경우 경영진을 만나는 것은 전문가들이나 하는 일이라고 생각한다. 그리고 이런 만남이 왜곡을 낳을 수 있다는 우려 또한 존재하는 것이 사실이다.

경영진이 투자자들에게 회사의 전망에 대해 확신을 주려고 노력하는 것은 너무도 당연한 일이다. 그러다보니 간혹 화려한 언변으로 적극 대응하기도 한다. 문제는 이 과정에서 경영진에게 휘둘리지 않아

야 한다는 점이다. 그래서 아예 경영진을 만나지 않으려는 펀드매니
저도 있다. '화려한 만남'에도 평정심을 잃지 않아야 객관적인 결정을
할 수 있기 때문이다.

물론 숫자만으로는 경영진에 대한 정보를 알 수는 없다. 그래서 내
가 택한 방법은, 중간쯤에 서 있는 것이다. 숫자에 초점을 맞추되 기
사나 인터뷰를 통해 경영진의 소통방식을 파악해 이를 보완하는 것
이다. 이렇게 하면 관리가 용이하고, 경영진에게 휘둘리지 않고, 정보
에 입각한 의사결정을 내릴 수 있다.

핵심 포인트

- 퀄리티 투자에서 '훌륭한 경영진'은 매우 중요하다. 경영진의 역
  량을 평가하기 위해서는 무엇보다 '자본배분'에 주목해야 한다.
- 퀄리티 기업은 평범한 기업보다 훨씬 더 많은 잉여현금흐름을 창
  출한다. 따라서 경영진의 자본배분 능력의 중요성은 상대적으로
  더 커진다.
- 경영진이 자본배분 측면에서 우선순위를 두는 것이 회사가 나아
  갈 방향과 일치해야 한다. 방법은 다양하다. 자금을 성장과 혁신
  을 촉진하는 데 사용하거나 부채를 상환할 수도 있다. 재무 상
  태에 따라 배당, 자사주 매입, 인수 등을 추진할 수 있다. 그리고
  올바른 선택이 올바른 순서로 이루어지고 있는지도 평가해봐야
  한다.
- CEO가 회사 내부에서 경력을 쌓은 인물일 수도 있지만 외부에

서 영입하는 경우도 있다. 어디에서 얼마나 많은 경험을 가지고 있는지 살펴봐야 한다. 어떻게 보상을 받는지, 그것이 주주이익에 부합하는 행동을 장려하는지도 체크해봐야 한다.

- 경영진은 주주들과 명확하고 투명하게 소통해야 한다. 또 언론과의 인터뷰 등 관련 기사를 통해 경영진의 성향을 파악할 수 있다. 일반적인 경우 실적, 사업보고서, 소통방식 등을 바탕으로 경영진을 평가하는 것이 가능하다.

8. 경기 침체에도 좋은 성과를 낼 수 있는가?

'경기순환주'를 피하는 이유

"예언가에는 두 부류가 있다. 미래를 모르는 예언가와 모른다는 사실조차 모르는 예언가다." 미국의 경제학자 존 케네스 갤브레이스 John Kenneth Galbraith의 명언이다. 내가 소위 경기순환주 또는 경기에 민감한 기업의 주식을 피하려고 하는 주된 이유도 여기에 있다. 이런 주식의 성공 여부는 타이밍에 크게 좌우되기 때문이다. 미래는 예측하기가 어렵다.

나는 퀄리티 투자자로서 경기 침체에도 큰 영향을 받지 않는 기업에 집중한다. 나는 불황에 강하거나 방어적인 기업을 찾는다.

경기순환형 기업은 경기 사이클과 경제 상황에 민감하게 반응한다. 호황기일 때는 경기순환형 기업의 제품과 서비스에 대한 수요가 높다. 따라서 해당 기업은 경제 전망이 밝을 때 번창하며, 주식시장이 상승할 때 재무성과 또한 양호하다.

하지만 경제 전망이 악화되면 상황은 달라진다. 불황에 소비자는 허리띠를 졸라매고 필수적이지 않은 제품의 구매를 미루게 된다. 또 기업은 투자를 줄여서 경기에 민감한 비즈니스의 실적이 급격히 하락하게 된다. 따라서 경기순환형 기업은 경기 침체에 크게 영향을 받으며 실적 부진을 거듭하게 된다.

경기순환주에서 좋은 결과를 얻으려면 시장 타이밍을 마스터해야 한다. 적절한 타이밍에 주기적으로 주식을 사고팔아야 하기 때문이다. 만약 계속 타이밍을 맞추려고 시도한다면, 가끔씩은 경기 사이클을 예측할 수도 있을 것이다. '고장 난 시계도 하루에 두 번은 맞는다'는 말도 있다. 시계바늘이 멈춰있으니 오전과 오후 이렇게 딱 두 번은 맞출 수 있을 것이다. 하지만 이렇게 가끔씩만 맞을 경우, 예측은 아무런 가치가 없다. 예측은 일관되게 정확할 때만 가치가 있다.

경기순환주의 성공 여부는
경기가 어떠냐에 따라 결정된다.

경기순환형 비즈니스의 대표적인 예로는 원자재회사, 건설회사, 가전제품 및 차량과 같은 내구소비재 제조회사 등이 있다.

일단 경기가 좋지 않을 때 사람들은 내구재 소비를 줄이는 경향이 있다. 자동차를 예로 들어보자. 소비자가 새 차 구입을 미루면, 곧바로 자동차 제조업체의 판매 감소로 이어진다. 또 소비자는 기존 차량에 대한 정기적인 유지보수를 실시하는 것으로 실용적인 대안을 찾고, 이를 통해 그 시기에 꼭 필요한 곳에 자금을 먼저 할당할 수 있다.

항공사나 인력파견 같은 서비스 제공업체 역시 마찬가지로 경기 사이클에 민감하다. 불황기에 소비자는 여행 계획을 연기하고, 기업은 고용을 줄인다.

이런 어려운 시기를 극복하기 위해 경기순환형 기업은 종종 외부

자본에 의존해야 하므로 재무상태표에 압박이 가해진다. 그렇기 때문에 '경기순환형 비즈니스'는 일반적으로 '경기방어형 비즈니스'보다 더 위험하다.

불황기에도 일관된 성과를 거두는 기업

불황에 강한 기업 또는 경기방어형 기업도 있다. 경기방어형 기업은 일반적으로 경제 상황에 관계없이 일관된 성과를 거둔다. 이런 기업의 제품이나 서비스는 경제 상황이 악화되는 동안에도 필수적이거나 고객 예산에서 차지하는 부분이 작기 때문에 삭감될 가능성이 낮다.

상대적으로 가격이 저렴하고, 반복적으로 소비되며, 일상생활에 필수적인 제품은 경기 침체기에도 잘 팔리는 경향이 있다. 경기가 좋지 않더라도 소비자들은 면도, 머리 감기, 양치질을 계속한다. 기저귀나 청소용품과 같은 소모품은 여전히 필요하다. 게다가 어려운 상황에서는 사람들이 평소보다 술을 더 많이 마신다.

이런 제품을 제공하는 회사는 불황기에 오히려 더 강한 실적을 보이는 경향이 있다.

경기방어형 기업의 사례

경기방어형 기업의 사례로는 소프트웨어 솔루션 등을 제공하는 전문 업체들을 먼저 꼽을 수 있다. 네덜란드의 정보 및 데이터 제공업체인 볼터스 클루버Wolters Kluwer는 주로 구독을 통해 비즈니스 시장에 서비스를 제공하며, 경기 침체기에도 탄력적으로 대응하고 있다.

전 세계의 의사, 회계사, 변호사가 매일 이 회사의 소프트웨어 솔루션과 서비스에 의존하고 있다. 이 회사의 제품은 고객이 업무를 수행하는 데 필수적이다. 따라서 경기 침체기에도 볼터스 클루버의 안정적인 성과는 예측이 가능하다.

미국의 회계 소프트웨어 분야 선두주자인 인튜이트Intuit 역시 마찬가지다. 이 회사는 전문가와 개인 모두에게 서비스를 제공하며, 경기 침체기에도 좋은 성과를 거두고 있다.

고객에게는 이 회사의 제품이 세금신고에 없어서는 안 될 필수요소다. 전쟁, 인플레이션, 팬데믹의 불확실한 시기에도 한 가지 확실한 것은 세금을 납부해야 한다는 사실이다. 따라서 이 회사 제품에 대한 수요는 지속될 것이다(물론 예외적인 경우는 있다. 바로 '고객의 파산'이다. 인튜이트의 고객 중 일부는 불황의 영향으로 파산할 수 있고, 파산한 고객은 더 이상 이 회사 제품이 필요 없을 것이다. 따라서 인튜이트 역시 경기 사이클에 어느 정도는 노출되어 있는 셈이다).

매출액 추이를 먼저 보라

제품이나 서비스 특성상 경기에 민감한 고객을 대상으로 하는 경우가 있다. 그러나 이런 제품이나 서비스를 제공하는 기업이 불황기에도 여전히 좋은 실적을 달성하는 경우가 있다. 핀란드의 엘리베이터 제조회사인 코네Kone가 그런 기업들 중 하나다.

엘리베이터 판매는 경기에 민감한 건설 분야와 관련이 있다. 경기가 좋지 않아 건설 물량이 줄어들면, 엘리베이터 설치 수요도 따라서 감소한다. 따라서 엘리베이터 제조회사는 어려움을 겪을 수 밖에 없다. 하지만 이런 일반적인 상황이 코네의 경우에는 예외였다. 심지어 금융위기와 같은 큰 파고가 덮쳤을 때에도 마찬가지였다. 이것은 주목할 만한 사실이다.

알고 보면 그 이유는 간단하다. 그리고 왜 이 회사가 아주 매력적인 비즈니스 모델을 가지고 있는지도 알 수 있다.

이 회사는 신규 엘리베이터 판매에만 전적으로 의존하지 않고, 기존 설비의 유지보수 및 현대화 사업을 병행해 안정적인 성과를 얻을 수 있었다. 새 엘리베이터를 판매하면서 연간 가격인상이 포함된 수익성 높은 유지보수 계약도 함께 체결했다. 그러니까 이를 통해 안정적이고 반복적인 수익을 확보할 수 있었던 것이다.

엘리베이터 유지보수는 필수이자 의무이기 때문에 고객이 비용절감에 적극적이지 않은 영역이다. 따라서 높은 수익률로 상당한 이익을 달성하는 유지보수 사업은 경기 불황에 둔감한 편이다. 코네 경영진에 따르면 기존 설비의 현대화 사업 역시 금융위기 당시에도 상당히 안정적으로 유지되었다. 당시 어려움은 엘리베이터 신규 설치 부문으로만 국한되었다. 이것이 전례 없는 심각한 위기 동안에도 코네의 피해가 제한적이었던 이유다.

그렇다면 코네와 같은 기업은 어떻게 찾아낼 수 있을까? 이때 최근 10~15년 동안의 매출액 추이는 투자자에게 귀중한 정보를 제공해 준다. 매출액이 불규칙하다면 외부 요인에 크게 의존하는 경기순환형 기업일 가능성이 크다. 반면 매출액이 큰 변동 없이 꾸준히 성장한다면 경기방어형 기업일 가능성이 크다.

상승장, 특히 견고한 경기 회복기에는 경기순환주가 경기방어주보다 더 나은 성과를 보인다(사실 경기방어주는 회복할 것이 거의 없기 때문이다). 하지만 장기적으로 보면 답이 명확하다. 전체 경기 사이클 또는 여러 경기 사이클에 걸쳐 길게 보면 말이다. 불황에 강한 주식이 더 나은 성과를 낸다.

『이솝 우화』에 나오는 토끼와 거북이 이야기를 떠올려 보라. 느리지만 꾸준히 달리는 쪽이 경주에서 승리한다.

핵심 포인트

- 경기순환주는 퀄리티 투자자가 추구하는 장기 전략과는 어울리지 않는다. 퀄리티 투자자들은 호황기에 실적이 더 좋고, 불황기에도 빠른 회복력을 보이는 기업을 선호한다.
- 경기순환형 기업은 경기 사이클이나 경제 상황에 민감하게 반응한다. 이런 기업은 일반적으로 불황기에는 실적이 저조하고 호황기에는 실적이 좋다. 또 어려운 시기를 헤쳐나가기 위해 외부 자본에 의존하는 경우가 많다.
- 반면에 불황에 강한 기업은 불리한 경제 상황에서도 필수적인 제품과 서비스를 판매한다. 또 경기방어형 기업은 부채비율이 낮은 탄탄한 재무상태표를 가지고 있어 리스크가 적다. 불황에 강하거나 경기방어형 기업은 퀄리티 투자자가 주목할 만하다.

- 경기순환주를 선택하려면, 시장 타이밍부터 마스터해야 한다. 적절한 타이밍에 주기적으로 주식을 사고팔아야 하기 때문이다.
- 시장 타이밍을 맞추려는 사람들은 항상 존재한다. 퀄리티 투자자는 이런 상황마저 활용할 수 있어야 한다. 경기방어주가 하락할 때 기회가 생기기 때문이다.
- 이상적인 개념의 포트폴리오라면, 경기 사이클에 노출되는 것을 완전히 제거할 수 있을 것이다. 하지만 현실적으로는, 경기 사이클에 노출되는 것을 최소화하는 데 최선을 다할 수밖에 없다. 경기 침체에도 강한 기업을 목표로 하고, 장기간 안정적인 매출액 추이를 보이는 기업을 선택하라. 불황기에는 내구재를 생산하는 기업은 피하라. 그리고 우리가 늘 사용하는 제품이 무엇인지 자문해 보라.

9. '기술 혁신'에 영향을 덜 받는 회사인가?

사라져버린 CD와 음반매장

불과 20년 전만 해도 많은 음악애호가들은 거실에 커다란 나무선반을 두고 이곳을 얇은 원형 디스크가 담긴 플라스틱케이스로 가득 채웠다. 콤팩트디스크CD를 모두 기억할 것이다. 보통 10~20개의 음악트랙이 들어 있는 CD는 케이스에서 조심스럽게 꺼내서 CD플레이어에 삽입해야 음악을 들을 수 있었다.

스포티파이나 애플뮤직과 같은 스트리밍 플랫폼과 함께 자란 오늘날의 청소년들에게는 매우 낯선 장면처럼 느껴질 것이다. 하지만 이보다 윗세대에게는 'CD의 시대'에 대한 추억이 생생할 것이다.

적어도 내 생각에는 그 시절 음악을 경험하는 방식은 지금과는 사뭇 달랐다. 음반매장에 직접 가야 했고, '숨겨진 보석'을 찾기 위해 매장 구석구석을 탐사해야 했다. CD를 구매하기 전에 특별히 지정한 장소에서 새로 찾은 음악을 먼저 들어볼 수도 있었다. 밴드에 대해 매장 점원과 이런저런 이야기를 나누기도 했다. CD 가격은 몇 십 달러에 불과했다. 하지만 마음에 드는 CD를 들고 매장을 나설 때의 그 만족감은 그 무엇으로도 표현할 길이 없었다. 참 좋은 시절이었다.

과거와 달리 요즘에는 음반매장을 거의 찾아볼 수가 없다. 한때 모든 쇼핑몰의 주류였던 음반매장은 오늘날 틈새시장에 가까워졌다.

한때 인기를 끌었던 음반매장의 쇠퇴는 다양한 요인에서 기인한다. 먼저, 온라인 쇼핑의 부상이 있다. 아마존과 같은 기업은 온라인으로 상품을 선보이고, 몇 번의 클릭만으로 다음 날 문 앞에서 상품을 받아볼 수 있게 해준다. 온라인 기업은 더 경쟁력 있는 가격으로 더 많은 선택권을 제공한다. 이 때문에 지역 오프라인 매장은 큰 어려움을 겪었다.

여기에 그치지 않았다. 곧이어 애플은 음악서비스 아이튠즈iTunes를 출시했다. 그리고 전체 음악 컬렉션을 아이팟iPod에 담을 수 있게 만들었다. 처음에는 아이튠즈에서 앨범 한 장에 정가를 지불했기 때문에 오프라인 매장이 얼마 동안은 그런대로 명맥을 유지할 수 있었다. 하지만 여기까지가 끝이었다.

결국 오프라인 매장은 백기를 들었다. 디지털음악은 월정액 구독 모델을 통해 수억 개의 음악 트랙에 무제한으로 액세스할 수 있는 스트리밍으로 진화했다. 이는 CD와 음반매장에 결정타였다.

CD와 그에 수반되는 구매 과정을 열렬히 지지했던 나조차도 스트리밍 플랫폼의 사용자 친화성과 저렴한 비용에, 물론 시간은 좀 걸렸지만, 마음이 끌렸다. 과거에는 CD 한 장을 겨우 살 수 있는 돈으로 월 사용료를 지불하고 더 많은 음악을 들을 수 있게 되었다.

이제 전 세계의 모든 음악 카탈로그가 주머니 속 앱에 들어 있기 때문에 더 이상 자동차의 조수석과 바닥매트에 CD가 흩어져 있는 모습을 볼 수가 없게 됐다. 스트리밍의 장점이 너무 크기 때문에 이제 CD는 그저 향수를 불러일으키는 물건에 지나지 않는다. 스포티파이와 같은 회사의 막강한 위력 앞에 CD와 음반매장의 매력은 아예 자취를 감췄다. CD와 음반매장은 더 이상 존재할 이유가 없어졌다. 몇

개 예외적인 곳을 제외하고는 감쪽같이 사라져버렸다.

시장의 판도를 바꾸는 '기술'

내가 음반매장 이야기를 통해 말하고자 했던 점은 음반매장이 대표적인 '파괴적 혁신'의 희생양이 된 사례이기 때문이다. 파괴적 혁신은 새로운 제품, 서비스 또는 비즈니스 모델이 등장해 결국 기존 솔루션을 대체할 수 있을 정도로 인기를 얻게 되는 과정을 말한다.

새로운 솔루션의 인기는
더 효과적이고, 사용자 친화적이며, 비용 효율적인 방식으로
고객의 요구사항을 충족하기 때문에 발생한다.
그 결과 업계 전체가 궁극적으로 혼란에 빠지고,
무적의 시장 리더로 여겨졌던 기업조차 그 지위를 위협받게 된다.

요즘 모두가 파괴적 혁신에 대해 이야기하는 것은, 무분별하게 던져지는 유행어 때문이 아니라 파괴적 혁신이 점점 더 보편화되고 있기 때문이다.

CD 외에도 수많은 제품, 서비스, 비즈니스 모델이 파괴적 혁신의 충격을 견디지 못했다. 기존 램프보다 90% 더 효율적이고 최대 25배 더 오래 지속되는 LED램프는 백열등을 쓸모없게 만들었다. 위키피디

아는 지속적으로 업데이트되는 콘텐츠로 인해 두껍고 무거운 백과사전을 쓸모없게 만들었다.

이메일 분야도 역시 마찬가지다. 과거 거의 모든 서면 커뮤니케이션은 우편을 통해 이루어졌다. 오늘날 많은 사람들은 편지봉투에 우표를 붙여 길모퉁이에 있는 우체통에 넣었던 마지막 순간이 언제였는지 기억하지 못한다. 이메일은 좋든 싫든 새로운 표준이 되었다. 이메일은 더 효과적이고, 사용자 친화적이며, 비용 효율적이다.

규칙이 다시 쓰여진 또 다른 산업의 예로는 광고 게재를 비즈니스 모델로 하는 인쇄미디어 분야를 들 수 있다. 알파벳과 메타가 불도저처럼 업계를 휩쓸고 지나가면서 판도는 완전히 바뀌었다. 오늘날 기업 광고예산의 상당 부분이 알파벳과 메타 같은 인터넷 대기업으로 흘러들어간다. 인터넷 대기업들은 성별, 연령, 관심사 등 풍부한 사용자 데이터를 활용해 보다 타겟팅된 광고를 제공한다. 현재 인터넷 대기업의 지배력은 비판받을 수도 있지만, 광고주들은 알파벳과 메타의 서비스를 사용해 보다 효과적으로 잠재고객에게 다가간다.

CD, 음반매장, 편지, 전구, 인쇄매체 등의 사례는 모두 기존의 수익성 있는 제품이 보다 더 효과적이고, 사용자 친화적이며, 비용 효율적인 대안에 의해 시장에서 밀려난 상황을 구체적으로 보여준다.

퀄리티 투자자의 가장 큰 적

파괴적 혁신의 충격 앞에서는 퀄리티 기업 역시 예외가 아니다. 아무리 수익성 높은 우수한 비즈니스 모델을 가진 기업이라도 기술 발전 앞에서는 속수무책이다. 개선된 기술이나 비즈니스 모델이 출현한 이후에는 무적의 시장 리더로 여겨졌던 기업조차 그 지위를 위협받게 된다.

퀄리티 투자자의 가장 큰 적은
기술 발전에 따른 '파괴적 혁신'이다.

예측하기 어렵지만, 기술 발전에 따른 위협은 항상 존재한다. 수익성은 자연스럽게 경쟁을 불러일으킨다. 퀄리티 기업의 특징인 매우 높은 수익성은, 경쟁자들이 파이를 차지하기 위해 더 열심히 일하도록 부추긴다. 퀄리티 기업은 본질적으로 '쫓기는 사냥감'과 비슷하다.

한 기입이 오랜 기간 동안 수익성을 유지할 수 있다면, 이는 전적으로 지속가능한 경쟁우위, 즉 수호자 역할을 하는 해자 덕분이다. 따라서 해자의 힘과 이를 유지하기 위한 경영진의 노력은 매우 중요하다.

다만, 기업 활동 주변에 거대한 해자를 구축했더라도 현재의 해자를 쓸모없게 만드는 새로운 솔루션이 출현하면, 아무것도 남지 않을 수 있다. 강력한 네트워크 효과나 높은 전환비용이 이런 위협에 대한 나름의 저항력을 제공할 수는 있다. 그러나 궁극적으로 새로운 솔루션이 더 우수하고, 기업이 변화하는 환경에 적응하지 못한다는 것이 입증되면, 이마저도 무너질 수 있다.

동일하거나 더 나은 결과를 얻을 수 있는, 새롭고 더 효율적인 방법을 찾기 위한 노력은 지금도 계속되고 있다. 많은 똑똑한 사람들이 여기에 매달려 있다. 그리고 이들의 노력이 보상을 받고, 한 분야의 파괴적인 혁신으로 이어진다면, 퀄리티 기업은 2배의 영향을 받게 된다. 한편으로는 실적이 급락하고, 다른 한편으로는 투자자들이 더 이상 해당 주식에 프리미엄을 지불하지 않을 것이다.

이 모든 시나리오는 투자자에게 두려움을 심어주기에 충분하다. 특히 개인투자자는 여기서 더 불리한 상황에 처할 수 있다는 점을 기억하자. 물론 개인투자자의 경우 상대적으로 많은 이점이 있다. 하지만 파괴적 혁신이라는 문제 앞에서는 다르다. 대형 펀드의 경우에는 별도의 리서치팀이 파괴적 혁신의 신호들을 부지런히 수집한다. 그리고 이런 신호들이 파악되면 바로 펀드매니저에게 알린다. 반면 개인투자자는 직접 해결해야 한다. 따라서 이 주제는 우리 모두가 더 많은 관심을 가질 만한 충분한 가치가 있다.

가장 취약한 위치에 있는 기업들

마차 생산업체들은 19세기 중반에 크게 번창했다. 하지만 그 뒤 자동차가 각광받는 교통수단이 되면서 마차는 역사의 뒤안길로 사라졌다. 이처럼 기술의 발전이란 것은 어느 시대나 있었던 일이다.

그러나 오늘날의 투자자들은 이런 기술의 발전을 이전보다 훨씬 더 경계심을 갖고 바라봐야 한다. 기술은 점점 더 보편화되고 있으며, 그 잠재적 영향력으로 인해 기업의 취약성이 더욱 커지고 있기 때문이다. 그리고 현재, 파괴적 혁신의 완벽한 산실인 인터넷의 부상은 여기서 중요한 역할을 하고 있다.

퀄리티 투자자는 일반적으로 '매수 후 보유' 방식을 추구하지만, 워런 버핏이 처음 이 방식을 제시했을 때와 비교하면 상황은 앞으로 점점 더 복잡해질 것이다. 버핏이 생각하는 이상적인 주식 보유기간은 '영원'이다. 현대의 퀄리티 투자자들 역시 이런 보유기간을 중요하게 생각한다. 하지만 미국 컨설팅회사 이노사이트Innosight의 데이터에 따르면, 시간의 시험을 견뎌내며 계속 생존하는 기업을 찾는 일이 앞으로는 점점 더 어려워질 것으로 보인다.

이노사이트는 1964년부터 2016년까지 그 50여년의 시간이 흐른 사이 S&P 500 주식의 평균 수명은 25% 정도 감소했다고 밝히고 있다. 구체적으로 기업의 평균 수명은 기존 33년에서 24년으로 9년이 줄어들었다. 또 2027년에는 기업의 평균 수명이 여기서 다시 50% 정도 감소해 12년이 될 것으로 예상했다. 이는 훨씬 더 길었던 이전 기간에 비해 2배나 빠른 속도다.

이런 변화에는 새로운 기술이 중요한 역할을 했다. 기업은 점점 더 빠른 속도로 '구식'이 되어가고 있는 것이다. 〈그림 3-5〉에서 알 수 있듯이 새로운 기술이 구현되고 수용되는 속도는 기하급수적으로 증가하고 있다. 따라서 투자자들이 현재 시장을 선도하는 기업에만 집중하는 것만으로는 충분하지 않다. 획기적인 저서 『혁신기업의 딜레마The innovator's Dilemma』를 쓴 클레이튼 크리스텐슨Clayton M. Christensen에 따르면, 시장의 강자들은 사실 파괴적 혁신에 가장 취약한 위치에 있는 기업들이다.

혁신은 종종 소규모 틈새시장에서 시작된다. 새로운 솔루션은 시

| 그림 3-5 | 특정 기술이 5,000만 사용자를 확보하기까지 걸리는 시간

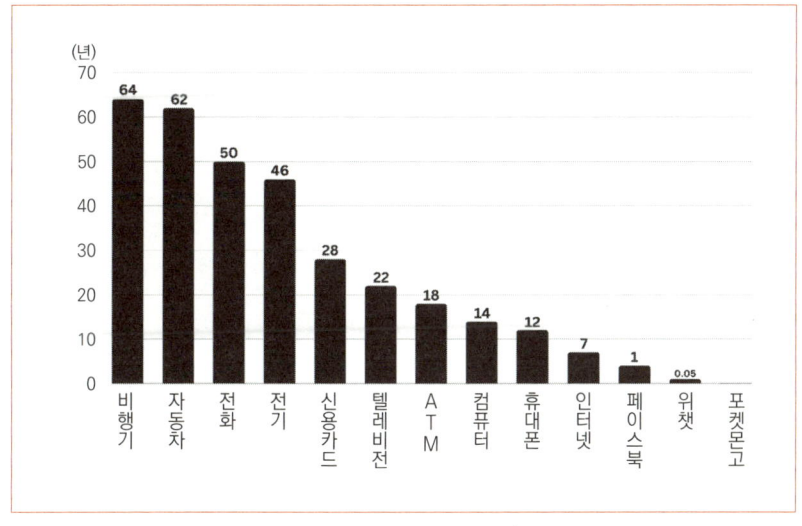

자료 : www.visualcapitalist.com

간이 어느 정도 흐른 다음에야 일반대중에게 받아들여진다. 수익률
이 낮은 소규모 시장은 처음에는 대기업에게 매력적이지 않다. 결국
대기업은 대형 시장에서 기존의 수익을 유지하고자 하며, 이를 위해
고객의 의견을 듣고 기존 솔루션 개선에 주력한다.

파괴적 기술에 집중해 비즈니스를 완전히 변화시킨다는 것은, 장
기적인 수익을 얻기 위해 단기적으로 자기 발등을 찍는 것을 의미할
수 있다. 이를 위해서는 용기와 위험을 감수해야 한다. 경영진은 결과
가 불확실하기 때문에 일반적으로 이사회나 주주에게 이를 설득하는
데 어려움을 겪는다.

이런 점들을 종합해볼 때, 스타트업은 잃을 것이 없고 얻을 것만
있다. 스타트업은 일이 잘 풀리면 시간이 지남에 따라 기존 시장의 선

도기업에게 도전할 수도 있다.

새로운 솔루션이 돌파구를 마련하고 더 많은 사람들이 관심을 보이기 시작하면, 그때서야 시장 선도기업들은 관심을 갖게 된다. 하지만 그때는 이미 너무 늦은 시점일 수 있다.

결론적으로, 파괴적 기술이 나타나지 않으면, 신생 업체가 자꾸 등장해 경쟁에 뛰어들 수 있기 때문에 시장의 리더는 영향을 받는다. 반면에 파괴적 기술이 나타나면, 기존 업계의 수익성 있는 비즈니스 모델 자체가 영향을 받는다. 두 가지 옵션 모두 시장의 리더에게는 매력적이지 않다. 이것이 바로 『혁신기업의 딜레마』라는 책제목이 의미하는 바이다.

코닥이 실패한 이유

코닥Kodak은 신기술의 등장으로 인해 곤경에 처한 기업의 대표적인 사례다. '필름'과 '아날로그 카메라'를 상징하던 코닥은 한때 세계에서 가장 큰 회사 중 하나였다. 심지어 '코닥'이라는 이름은 사진 찍기에 가장 완벽한 순간과도 관련이 있다. 적절한 조명과 구도와 함께 독특하고 감성적인 경험을 포착하는 것(사진으로 남기고 싶은 순간)을 '코닥의 순간Kodak moment'이라고 부르기도 했다. 오늘날에도 이 문구가 무엇을 의미하는지 누구나 알고 있다. 하지만 한때 번성했던 이 회사는 2012년에 파산신청을 했다.

무엇이 문제였을까? 디지털 카메라와 온라인 사진 공유가 새로운 표준이 되면서 한때 성공을 거두었던 비즈니스 모델은 이제 더 이상 존재하지 않게 되었다. 여기서 한 가지 놀라운 점은 코닥이 디지털 카메라 시대를 개척했다는 것이다. 최초의 시제품은 1975년 코닥의 엔지니어 스티븐 사슨Steven Sasson이 개발했다. 이 기기는 도시락만큼이나 컸고 사진 한 장을 찍는 데 23초가 걸렸으며 화질도 좋지 않았다. 하지만 이 기술은 결국 완성됐고, 몇 년 후 완전히 '새로운 표준'이 되었다.

코닥은 혁신을 거듭할 수 있었지만 잘못된 결정으로 인해 실패했다. 경영진은 디지털 카메라의 잠재력은 인정했지만, 이 새로운 기술을 기존의 수익성 있는 비즈니스 모델에 통합시키려고 노력했다(하드웨어 판매로 많은 돈을 벌지 못했다는 점을 고려하면, 어느 정도는 이해할 수 있는 결정이었다). 그때까지 코닥이 성공할 수 있었던 이유는 바로 사진 현상 때문이었다.

그렇다면 당시 코닥의 비즈니스 모델과 오늘날의 프린터 제조업체를 비교해 보자. 프린터는 저렴한 가격에 판매되고 제조업체의 수익률은 함께 제공되는 잉크 카트리지 판매에 달려있다. 고가의 잉크를 반복적으로 판매하면 예측가능하고 반복적인 수익이 보장되기 때문에 매력적인 비즈니스 모델이다. 코닥으로 대표되는 사진 분야에서도 마찬가지였다. 사진 현상 작업은 코닥에게 수익성이 높고 반복적인 활동이었다. 사실상 카메라를 공짜로 나눠줄 수도 있었다(당시 하드웨어 판매로 많은 돈을 벌지 못한 이유이기도 하다). 코닥은 고객이 디지털 사진을 계속 현상할 것으로 예상하고, 디지털 카메라에도 동일한 시스템을 적용하려고 했다.

이런 가정은 고객들의 사진 현상 횟수가 줄어들기 시작하면서 큰 대가를 치렀다. 온라인 사진 공유는 새로운 표준이 되었다. 2001년 코닥이 사진 공유 전문 웹사이트인 오포토Ofoto를 인수하는 일도 있었다. 하지만 코닥은 인스타그램의 선구자가 될 기회를 잡는 대신 고객이 디지털 사진을 대량으로 현상하기를 원했다. 결과적으로 그런 일은 일어나지 않았다.

코닥이 변화를 더 잘 예측했다면 큰 성공을 거둘 수 있었겠지만, 결국 다른 회사들이 그 보상을 가져갔다. 코닥은 기회를 놓쳤다.

돌이켜보면 경영진이 모든 것을 잘못했다고 쉽게 말할 수도 있다. 하지만 경영진이 당시 올바른 결정을 내렸다고 해도, 코닥은 단기적으로는 고통스러운 결과를 초래했을 가능성이 높다. 사실 유명 스트리밍서비스 기업인 넷플릭스Netflix에서도 이런 일이 발생했었다.

넷플릭스의 '재탄생'

넷플릭스는 스스로 재탄생한 기업의 대표적인 사례다. 하지만 도전 없이 이뤄진 것은 아니다.

넷플릭스의 초기 버전은 오늘날의 거대 스트리밍 업체와는 거리가 멀다. 1997년에 설립된 이 회사는 처음에는 전통적인 비디오대여점의 변형된 형태로 운영되었는데, 그 자체로 파격적이었다. 고객들은 DVD를 빌리기 위해 집 소파에서 벗어날 필요가 없었고, 넷플릭스는 빨간 봉투에 담긴 DVD를 우편으로 배달했다.

하지만 2011년 전면적으로 개편이 시작됐다. 경영진이 스트리밍 분야에 집중해 나아가기로 결정한 것이다. 기존 비즈니스 모델이 여전히 성공적이고 수익성이 높았기 때문에, 이런 결정에는 큰 용기가 필요했다.

이런 변화의 필요성을 예상한 사람은 거의 없었다. 게다가 CEO인 리드 헤이스팅스Reed Hastings는 고객을 화나게 하는 결정을 내렸고, 이로 인해 상당한 사용자 손실이 발생하기도 했다. 그는 한 번에 너무 많은 일을 하려다 충성도가 높은 고객층을 놓쳤고, 이에 대해 공개적으로 사과했다. 이런 상황으로 인해 주가는 80% 하락해 9달러까지 떨어졌다. 투자자들은 경영진의 계획에 만족하지 않았다.

하지만 이 전략적 변화는 나중에 가서는 매우 성공적인 것으로 판명되었다. 2023년 말 넷플릭스의 주가는 대략 475달러, 유료회원 수는 약 2억5,000만 명에 달했다.

넷플릭스는 회사의 미래를 보장하기 위해 기존의 기능적인 비즈니스 모델을 전면적으로 개편했다. 여기에는 위험이 따랐고, 실행 과정에서 미흡한 점이 많아 실패할 뻔했다. 하지만 돌이켜보면 그 계획은 옳은 선택이었음이 증명되었다. 넷플릭스가 주도권을 잡지 않았다면 다른 누군가가 기회를 잡았을 가능성이 높다.

리드 헤이스팅스는 대부분의 기업이 기존 비즈니스에 해가 될까봐 새로운 것을 간과한다고 언급한 적이 있다. 그의 말은 시장의 리더들이 혁신과 관련해 직면하는 어려운 상황을 요약적으로 보여준다.

시장의 리더가 할 수 있는 일

선도적인 시장 지위를 보유한 기업은 물론 강점이 있다. 파괴적 혁신의 측면에서도 이런 강점을 최대한 활용하는 것이 중요하다.

먼저, 시장의 리더는 기존 고객층을 확보하고 있어 처음부터 새로 시작해야 하는 신규 진입자보다 유리하다. 또 기존 고객은 확고한 평판을 가진 이 기업의 새로운 것을 받아들일 가능성이 높다. 그리고 유능한 인력을 보다 쉽게 유치할 수 있다. 규모의 경제 효과를 누리고, 연구개발에 더 많은 예산을 투입할 수도 있다.

이런 이점이 스타트업에게는 부족하다. 그럼에도 불구하고 스타트업이 돌파구를 마련하는 경우가 종종 나오기도 한다. 이때 시장의 리더가 할 수 있는 일은, 신생 기업을 인수해 잠재적 경쟁자의 성장에 제동을 걸 수 있다. 여기서 중요한 점은, 비즈니스 모델의 성공이 입증되었지만 여전히 적정 수준의 밸류에이션이 형성되었을 때 인수하는 것이다.

'혁신'의 세계적 전문가인 클레이튼 크리스텐슨은
혁신기업의 딜레마에 대한 잠재적 해결책으로
스타트업을 인수하거나
자회사를 설립하고 필요한 자원을 제공한 다음
해당 기업이 자율적으로 운영하도록 하는 방법을 제시한다.

언제나 그런 것은 아니겠지만, 포트폴리오에 포함된 회사 중 하나가 손실을 내고 있는 스타트업에 너무 많은 비용을 지불하는 것 같다고 해서 당황할 필요는 없다. 그 이면에는 시장의 리더가 나중에 수익을 얻을 수 있는 '신중한 전략(잠재적 경쟁자의 성장에 제동을 거는 방식)'이 숨어 있을 수 있다. 때로는 그럴 필요가 있다.

크리스텐슨의 제안대로, 이런 방식으로 자회사는 (현재 모회사에 비해 너무 작아서 중요하지 않은) 시장에서 운영될 수 있다.

경영진에게는 기업이 앞서 나가기 위해 사용할 수 있는 여러 가지 도구가 있다. 그리고 훌륭한 경영진은 이런 도구를 잘 활용한다. 이것이 바로 급변하는 분야에서 활동하는 마이크로소프트, 메타, 애플과 같은 기업이 지배적인 위치를 유지하는 이유 중 하나다. 이들은 상황을 정확히 파악하고, 자신의 강점을 최대한 활용한다.

2021년 페이스북의 CEO인 마크 저커버그는 회사의 새로운 방향을 발표했다. 혁신의 맥락에서 볼 때, 이런 방향은 적절해 보였다. 페이스북은 이제 '메타플랫폼'으로 알려질 것이며, 이른바 메타버스에 집중할 것이다. 경영진은 이제 메타버스가 최우선 과제라고 밝혔다. 메타버스는 가상의 3차원 세계로 구성된 온라인 네트워크로, 방문자는 아바타로 표현되거나 그렇지 않더라도 개인의 존재감과 공간인식을 새롭게 경험할 수 있다.

메타버스는 아직 초기 단계다. 이 가상세계에 대한 강조를 어떤 대가를 치르더라도 역사를 만들고자 하는 젊은 억만장자의 지나치게 야심찬 아이디어로 보는 시각도 있는 반면, 이 기술을 오늘날 우리가 알고 있는 인터넷의 후속기술로 보는 시각도 있다.

앞으로 어떻게 될지 (아직 의미 있는 언급을 하기에는 너무 이르지만) 메타의 경영진은 혁신을 향한 용기를 보여주고 있다. 게다가 이 회사는 파괴적인 혁신을 목표로 하고 있다. 2021년에 저커버그는 기술개발을 위해 연간 100억 달러를 투자하겠다고 발표했다. 신규 진입자가 이를 따라잡기란 쉽지 않을 것이다. 여기에 유럽에서 메타버스를 발전시키기 위해 1만 명의 엔지니어를 고용할 계획도 밝혔다.

저커버그와 그의 팀은 현재 매우 성공적인 비즈니스 모델을 새로운 가상환경에서 구현할 방법을 모색하고 있다. 하지만 시간이 걸릴 것이다. 앞서 언급했듯이 메타플랫폼은 처음 몇 년 동안은 상당한 투자를 계속할 것이다. 이는 파괴적인 아이디어의 특징이다. 그럼에도 메타는 연간 약 500억 달러에 달하는 현금 덕분에 이를 감당할 수 있다. 높은 수익성을 유지하면서 새로운 기술에 막대한 투자를 할 수 있는 것은 시장의 리더만이 누릴 수 있는 장점이다.

> 기술 기업이 장기적으로 의미가 있으려면
> 미지의 길을 걸어야 한다.
> 기꺼이 위험을 감수할 수 있어야 한다.

나는 메타버스가 올바른 길인지에 대해 확답할 수는 없다. 하지만 성공의 정점에서 파괴적 혁신을 시도하는 메타의 시도에는 박수를 보낸다. 성공의 정점에 있는 기업들은 자신들의 장점을 활용할 수 있는 탁월한 위치에 있다. 특히 기술 업계에서는 경영진이 이를 잘 활용해야 한다.

따라서 투자자가 포트폴리오에 혁신민감형 기업을 편입하고자 한다면, 경쟁사보다 더 많은 투자를 하면서도 높은 수익성을 유지할 수 있는 기업으로 선택해야 한다. 앞서 언급했듯이, 이렇게 해야 성공 가능성이 높아지며, 신기술 투자로 인해 혁신에 따른 즉각적인 위협에 직면하지 않게 된다. 이는 과도한 위험을 감수하지 않고도 미래의 잠재적 승자에게 투자할 수 있는 방법이다.

파괴적 혁신에 대한 민감도가 낮은 업종

투자자의 포트폴리오에는 파괴적 혁신에 민감한 업종에서 활동하는 기업이 포함될 수 있다. 하지만 포트폴리오의 상당 부분은 혁신에 상대적으로 덜 민감한 기업들로 채우는 것이 좋다.

파괴적 혁신에 민감한 분야의 시장 리더는, 급격한 변화에 따른 장점과 단점을 모두 경험하게 된다. 이는 투자자들에게 불확실성을 안겨주는 요인이 된다. 퀄리티 투자자는 시장의 혼란이 발생하기 쉬운 업종은 되도록 피해야 한다.

그렇다면 어느 업종이 혁신에 취약한지 어떻게 판단할 수 있을까?

이 질문에 답하기 위한 좋은 출발점은 기존 제품, 서비스 또는 비즈니스 모델이 기술 혁신을 통해 쉽게 변경될 수 있는지 스스로 물어보는 것이다. 우버나 넷플릭스와 같은 기업들을 대체할 만한 기술 혁신이 일어날 수도 있다는 것은 비현실적인 가정이 아니다. 이런 기업은 잠재력은 크지만 불확실성 역시 만만치 않다.

관점을 반대로 할 수도 있다. 나는 찰리 멍거로부터 문제를 거꾸로 보고, 그런 식으로 해결책을 찾는 방법을 배웠다("invert, always invert"[21]).

향후 15년 동안 무엇이 변할지 묻는 대신

무엇이 변하지 않을지를 스스로에게 물어보라.

이런 사고방식은 자연스럽게

고려해볼 가치가 있는 업종으로 투자자를 이끌 것이다.

고객에게 도어락 등 액세스 솔루션을 제공하는 스웨덴의 아사아블로이Assa Abloy 같은 회사가 문득 떠오른다. 앞서 언급한 기술 기업에 비해 시장의 리더가 지배적인 위치를 더 쉽게 유지할 수 있는 분야인 것 같다. 물론 이 업종 역시 끊임없이 혁신할 것이다. 그렇다면 기본 기술이나 비즈니스 모델도 쉽게 바뀔까? 지금까지 내가 아는 바로는 변할 가능성은 낮아 보인다.

또 무디스 같은 신용평가기관이 몇 년 안에 쓸모없게 될까? 이 업계에서 '우수한 평판'의 중요성을 감안할 때 조만간 그런 일은 일어날 것 같지 않다.

인터텍Intertek이나 에스지에스SGS와 같은 회사가 지배하고 있는 테

---

21 "invert, always invert(역으로 생각하라)"는 수학자 카를 야코비(Carl Gustav Jacob Jacobi)의 말이다. 찰리 멍거의 책 『가난한 찰리의 연감(Poor Charlie's Almanack)』에 소개돼 있다─옮긴이.

스트, 검사 및 인증TIC 분야가 급격한 변화를 겪게 될까? 검사 회사가 전 세계적으로 보유하고 있는 다양한 활동과 광범위한 테스트실험실 네트워크를 고려해 볼 때 그럴 가능성은 낮다고 판단된다.

스위스 위생설비 전문기업 게버릿Geberit이 10년 후에도 여전히 경쟁력을 가질까? 기술 혁신이 우리가 알고 있는 화장실을 가까운 미래에 완전히 바꿔버리지 않는 한, 여전히 충분한 경쟁력을 가질 것으로 보인다.

이 대목에서 엘리베이터산업을 다시 한 번 생각해 보자(나는 엘리베이터를 좋아한다). 이 업종 역시 기술 혁신이 중요하겠지만 그보다는 주로 기존 기술을 개선하는 것이 더 중요하다. 이런 업종에서의 시장의 리더는 다양한 이점을 누린다. 따라서 후발주자는 일반적으로 자신의 영역에서 기존 리더를 능가할 가능성이 거의 없다. 이것이 혁신에 대한 민감도가 낮은, 바로 이런 분야에서의 시장의 리더에게 더 집중해야 하는 이유다.

앞서 핀란드 기업 코네를 언급했다. 오티스Otis, 쉰들러Schindler와 같은 기업과 함께 엘리베이터업계에서 시장을 선도하는 기업 중 하나인 코네는 〈포브스〉가 선정한 전 세계에서 가장 혁신적인 기업 순위에 여러 차례 이름을 올렸다. 앞서 살펴보았듯이 시장의 리더는 혁신과 기존 아이디어의 개선에 탁월하기 때문에 이와 관련한 다양한 이점을 누릴 수 있다. 코네의 경우도 마찬가지다.

엘리베이터는 더 정교해지고, 더 빨라지고, 더 조용해지고, 더 높은 곳까지 올라갈 수 있게 되었다. 하지만 기본적인 기술은 160년 동안 거의 변하지 않았다. 기존 솔루션을 대체할 수 있는 잠재력을 가진 새로운 기술이나 비즈니스 모델이 개발되어 현재의 엘리베이터가 무의미해질 때, 그렇게 되었을 때에만 엘리베이터업계의 리더들은 고민에 빠지게 될 것이다. 내 생각에는 그런 일은 일어나지 않을 것 같고, 오늘날의 리더들이 당장 퇴출될 위험에 처해 있지도 않다.

이런 특성을 가진 분야는 투자자로서 주목하고 집중할만한 가치가 있다. 다만, 이런 경우에도 언제든 돌발변수가 발생할 수 있으므로 경계를 늦추지 말아야 한다. 물론 10년 후에 이 책을 다시 읽으며 내 주장에 헛웃음을 지을 수도 있을 것이다. 아니면 뒤늦게 깨달음을 얻거나 말이다.

어디서나 발생할 수 있는 '혁신'

특정 분야에서 파괴적 혁신이 일어날 것 같지 않더라도 항상 경계를 늦추지 말아야 한다. 몇 년 전만 해도 예측하지 못했던 파괴적인 도전에 직면한 분야들이 있다.

빠르게 변화하는 일용소비재FMCG[22] 산업도 그중 하나다. 기저귀, 샴푸, 청소용품과 같은 제품을 판매하는 유니레버, P&G 등 이 분야를 선도하는 기업들은 이 산업을 지배하고 있다. 변화한 것은 제품이나 비즈니스 모델이 아니라 제품을 알리는 광고방식이다.

브랜드 포트폴리오와 광고의 양이 이 업계에서는 기업의 성공을

---

22 FMCG(일용소비재)는 'fast-moving consumer goods'의 약어로 일상적인 소비재 제품을 생산·판매하는 기업을 가리킨다—옮긴이.

좌우한다. 얼마 전까지만 해도 일용소비재 분야의 주요 업체들은 소규모 업체들에 비해 상당한 우위를 점하고 있었다. 네슬레, 유니레버, P&G와 같은 기업은 소매업체에게 예측가능한 높은 수익을 창출하는 엄청난 양의 제품을 생산한다. 그래서 이들 제품은 항상 눈에 띄는 장소에 진열된다. 오프라인 매장에서는 소매업체와 제조업체가 진열될 제품을 결정한다. 하지만 온라인 환경은 그렇지 않다.

온라인 환경은 훨씬 더 역동적이며 소비자가 보는 것을 통제하기가 어렵다. 현재 시장을 선도하는 기업들은 검색 결과에서 가장 먼저 노출되도록 하는 등 온라인에서 더 우위를 점하기 위한 조치를 취해야 할 것이다. 문제는 현재 시장의 리더들이 이렇게 변화하는 환경에 적응할 수 있느냐는 것이다. 막대한 광고예산으로 할 수 있는 일이 많을 것 같고, 실제로 자금력이 유리한 것은 사실이다. 하지만 이는 더 지켜봐야 할 문제다.

구독 형식으로까지 진화하고 있는 면도기

더욱 놀라운 것은 최근 면도기 업계의 발전이다. 여기서는 제품 자체가 목표가 아니라 비즈니스 모델이 목표다.

달러 셰이브클럽Dollar Shave Club이라는 회사는 내가 기억하는 한 몇몇 유명 브랜드가 장악하고 있던 면도기 업계에 지각변동을 일으켰다. 이 회사는 남성들이 합리적인 가격으로 '새 면도날을 정기적으로 문 앞까지 배달해주는 서비스'에 가입하도록 유도했다. 기존 문제에 대해 보다 사용자 친화적인 해결책을 제시하며, 수백만 명의 사용자를 단기간에 확보한 것이다.

'구독형 면도기 서비스'는 나를 깜짝 놀라게 했다. 몇 년 전에 이런 가능성에 대해 이야기했다면 미쳤다고 생각했을 것이다. 기술 혁신에 대한 민감도가 낮은 업종에 집중하는 것이 투자자에게 분명 도움이 될 수 있다. 하지만 이 회사의 사례는, 이런 업종 역시 파괴적 혁신의 위협으로부터 완전히 배제될 수 없음을 보여준다.

인터넷 환경은 무한한 가능성을 제공한다. 그렇다면 앞으로 어떻게 될까? 수십 년 동안 새로운 기술이 가져올 변화는 과연 무엇일까? 현재로서는 예측하기 어렵다. 하지만 분명한 것은, 비즈니스 세계에는 많은 희생자가 발생할 것이며, 또 새로운 승자가 등장할 것이란 사실이다. 투자자는 비즈니스 세계의 발전에 대해 경각심을 갖고 최신 정보를 얻도록 노력할 필요가 있다.

핵심 포인트

- '파괴적 혁신'이란 새로운 제품, 서비스 또는 비즈니스 모델이 시장에 출시되어 결국 기존 솔루션을 대체할 수 있을 정도로 인기를 얻는 과정을 말한다.
- 새로운 솔루션은 고객의 요구를 충족하면서도 더 효과적이고, 사용자 친화적이거나 비용 효율적인 방식으로 구현되어 인기를 얻게 된다. 그 결과 업계 전체가 혼란에 빠지고, 결국 무적처럼 보였던 시장의 리더는 자리를 잃게 된다.
- 혁신은 끊임없는 위협이자 퀄리티 투자자의 가장 큰 적이다. 새

로운 제품, 서비스 또는 비즈니스 모델의 등장으로 인해 기업 실적이 압박을 받을 수 있다. 퀄리티 주식을 특징짓는 밸류에이션 프리미엄 역시 달라질 수 있다. 이는 퀄리티 투자자에게 잠재적인 이중 위험을 초래한다.

- 기술 혁신이 끊임없이 발전하고 있는 요즘과 같은 때에 투자자들은 더욱 주의를 기울여야 한다. 시장을 선도하는 기업은 이런 환경에서 취약한 경우가 많지만 장점도 있다. 훌륭한 경영진은 이런 장점을 제대로 인식하고 이를 최대한 활용한다.

- 불확실성을 제한하려면 혼란이 일어날 가능성이 낮은 산업에 집중하는 것이 좋다. 하지만 혁신에 저항력이 있어 보이는 분야도 언젠가는 흔들릴 가능성은 존재한다.

- 인터넷 기술은 기존 문제를 보다 효율적으로 해결할 방법을 계속 찾을 것이다. 따라서 기술 개발의 변화를 조기에 알 수 있도록 노력해야 한다. 항상 경계를 늦추지 말고, 비즈니스 세계의 발전 상황에 대한 정보를 지속적으로 파악할 필요가 있다.

정량적 기준

: '숫자'를 정확하게 읽는 것이 중요하다

1. 수년간 매출과 이익이 성장하고 있는가?

'과거 실적'과 '미래 기대치'

앞서 나는 기업이 성장을 촉진하는 다양한 방법 중 어떤 것이 다른 것들보다 더 매력적인지에 대해 이야기했다(3장 가운데 '성장 가능성이 있는 회사인가?' 부분 참조).

성장과 퀄리티를 별개로 보는 경우가 많지만, 기업을 '퀄리티'로 분류하기 위해서는 명확한 성장잠재력이 전제조건이다. 따라서 향후 몇 년간의 성장을 뒷받침할 충분한 요인이 있음을 나타내는 단서를 찾는 것이 중요하다.

이 방식의 성공 여부는 주로 가정의 정확성에 달려 있다. 성공투자의 본질은 미래에 발생할 가치를 지금 정확하게 평가하고 그에 따라 행동하는 것이다. 예측가능한 전망은 유용하지만, 확실한 결과물이 아닌 가정에 의존한다. 기업의 미래는 참으로 중요한 것이지만, 그것을 가늠하는 것은 여전히 추정할 수밖에 없는 것이다.

단서는 과거를 통해 얻을 수 있지만, 과거가 미래를 보장하지는 않는다. 그럴 것이라고 예상만 할 뿐이다. 하지만 과거 실적은 분석에 확실히 유용하다. 풍부한 정보를 제공한다. 비슷한 상황에서 미래를 예측할 때 참고할 수 있는 기준점이 될 수 있다. 마크 트웨인은 "역사는 그대로 반복되지는 않지만, 비슷한 패턴은 있다"는 유명한 말을 남겼다.

'미래 기대치'와 '과거 실적' 모두의 중요성을 강조하기 위해 비유를 하나 들어보겠다.

역사상 가장 위대한 아이스하키선수로 꼽히는 웨인 그레츠키Wayne Gretzky와 관련해 다음과 같은 명언이 있다. "퍽이 있던 쪽이 아니라 퍽이 갈 쪽으로 움직여라." 이 말은 오늘날 비즈니스 세계에서 여전히 (어쩌면 너무 자주) 사용되고 있다. 퍽이 어디로 향할지(미래 기대치)를 알아내려면, 퍽이 어디에서 왔는지(과거 실적)부터 파악해야 한다. 이는 하키선수뿐 아니라 투자자에게도 마찬가지다.

따라서 퀄리티 투자자는 과거와 미래를 모두 고려한다. 미래 기대치의 정확성은 가정에 따라 달라진다. 그리고 항상 불안정한 기반 위에 놓여 있을 가능성이 있다. 이때 과거를 돌아보는 것이 훨씬 쉬우며, 그 결과는 큰 가치가 있을 수 있다.

과거의 결과물은 숫자를 사용해 정량화할 수 있다. 기업의 재무보고서에서 이런 숫자를 찾을 수 있으며, 이를 통해 기업의 성과를 정확히 알 수 있다. 기업이 유망한 스토리를 훌륭한 성과로 전환했다면, 숫자는 부인할 수 없는 증거를 제공한다. 이 '숫자'가 이번 장에서 다룰 내용의 출발점이다. 숫자는 분석의 초석이 된다.

퀄리티 기업은
5~10년 동안의 우수한 실적을 통해 확인할 수 있다.
과거 실적이 바로 분석의 토대가 된다.

우수한 과거 실적과 충분한 성장잠재력이 결합하면 강력한 조합을
이룬다.

'숫자'를 간편하게 확인할 수 있는 방법

사업보고서와 엑셀 등을 사용해 이번 장에서 설명하는 모든 숫자와
비율을 혼자서 계산하는 것은 시간 제약을 고려할 때 사실 어려운 작
업이 될 수 있다. 다행히도 이 과정을 자동화할 수 있는 도구가 있다.
인터넷에는 과거 데이터를 제공하는 종목검색기screeners가 넘쳐난다.

하지만 이때 주의해야할 것도 있다. 모든 데이터 소스가 똑같이 신
뢰할 수 있는 것은 아니라는 점이다. 간혹 잘못된 정보가 제공될 수
있다는 점에 유의해야 한다. 힘들게 번 돈을 투자하는 것이기에 매사
에 신중해야 한다. 만약 종목검색기에 중대한 오류가 있는 경우, 결함
이 있는 종목을 좋은 종목으로 판단하거나 그 반대의 경우와 같은 일
이 생길 수 있다. 따라서 확실하게 하고 싶다면, 사업보고서를 참조하
고 계산을 직접 해보는 것이 가장 좋다. 이런 보고서는 회사 홈페이지
에서 찾을 수 있다.

나는 그동안 수많은 종목검색기를 사용해 봤지만, 가장 신뢰할 수 있고 포괄적인 것은 핀챗Finchat.io 웹사이트다. 이 장에서 설명하는 모든 내용은 몇 번의 클릭만으로 찾을 수 있다.

이번 장은 이전의 장들에 비해 다소 난이도가 있다. 하지만 종목검색기를 사용하면 도움이 많이 된다. 직접 계산을 할 필요도 없다. 종목검색기는 내가 찾은 회사가 튼튼한 곳인지 아닌지 빠르게 알려준다. 어디를 살펴봐야 할지 알면 최근 5년에서 10년 동안 회사가 어떤 성과를 거두었는지 바로 확인할 수 있다.

따라서 이번 장에 나오는 회계 용어들에 미리 부담스러워 할 필요가 없다. 다음에 소개할 각각의 비율이 어떤 정보를 제공하는지에 대해 이해했다면, 나머지 대부분의 작업은 종목검색기에 맡겨도 된다. 그리고 사업보고서를 검토하여 포트폴리오에 적합한 기업의 숫자를 확인할 수 있다.

모든 것은 '매출액'에서부터 시작된다

과거 실적을 평가할 때는 손익계산서의 맨 위에 있는 '매출액'부터 시작한다. 매출액은 특정 기간 동안 판매된 모든 제품 또는 서비스 수에 판매가격을 곱한 값이다. 매출액 성장은, 두 기간을 비교해 숫자가 얼마나 증가했는지 보면 된다.

일반적으로 퀄리티 투자자에게는 연간 매출액성장률이 5% 이상이어야 한다. 매출액 성장은 강력한 지표다. 특히 최근 몇 년간의 매출액 추이를 살펴보는 것이 중요하다. 투자자에게 천 마디 말보다 더 많은 정보를 제공한다. 일단 퀄리티 측면에서는 해당 기업에 대해 추가적으로 더 분석해봐야 할 가치가 있는지 여부를 바로 알려준다.

다음 기업들의 매출액 추이를 한번 살펴보도록 하자.

〈그림 4-1〉과 〈그림 4-2〉를 보면, 예측할 수 없는 매출 추세를 가진 변동성이 큰 기업들이라는 것을 곧바로 알 수 있다.

이런 매출 추세에서는 원하는 퀄리티를 거의 찾을 수 없다. 이는 예측 불가능성을 나타낸다. 퀄리티 투자자들은 이런 경우를 매우 싫어한다. 이렇게 변동성이 큰 기업은 장기적인 투자전략에 적합하지 않으며, 가치평가도 어렵다.

물론 이런 종류의 기업에 투자해 돈을 벌 수 있는 방법이 있기는 하다. 바로 '타이밍 감각'이다. 정확한 순간에 매수하고 정확한 순간에 매도할 수만 있다면, 가능하다.

〈그림 4-3〉과 〈그림 4-4〉와 같은 유형의 매출 추세는 전혀 다른 이야기를 들려준다. 이들 기업은 큰 기복 없이 꾸준하고 예측가능한 성장을 보여준다.

기업이 너무 빠르게 성장해 공급망에 부담을 주거나 수요를 충족하지 못하여 고객 불만족을 초래할 수도 있다. 따라서 이 두 기업의 매출 추세는 추가 분석을 위한 훌륭한 출발점인 셈이다.

퀄리티 투자자는
절대 팔지 않겠다는 생각으로 그 주식을 매수한다.

| 그림 4-1 | US스틸 매출액 추이(2007~2022년)

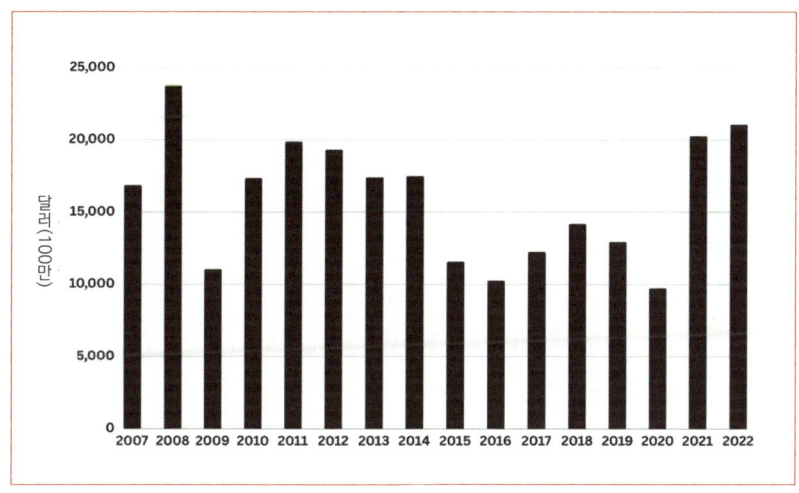

자료 : US스틸

| 그림 4-2 | 발레로 에너지 매출액 추이(2007~2022년)

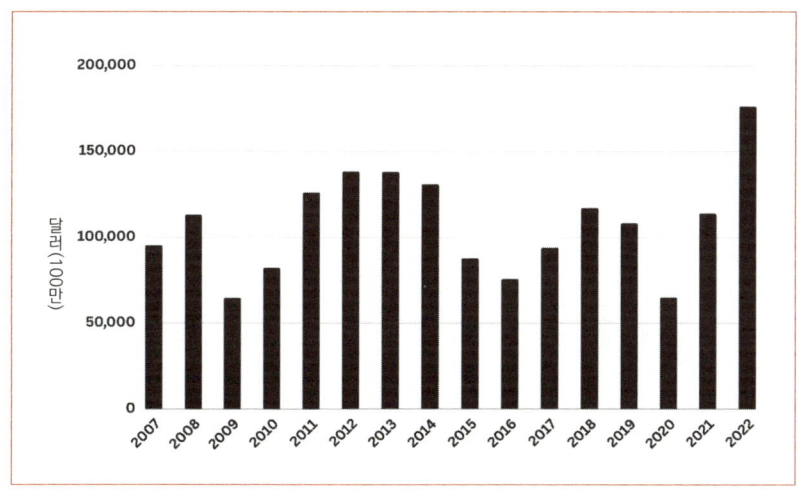

자료 : 발레로 에너지

| 그림 4-3 | 오릴리 오토모티브 매출액 추이(2007~2022년)

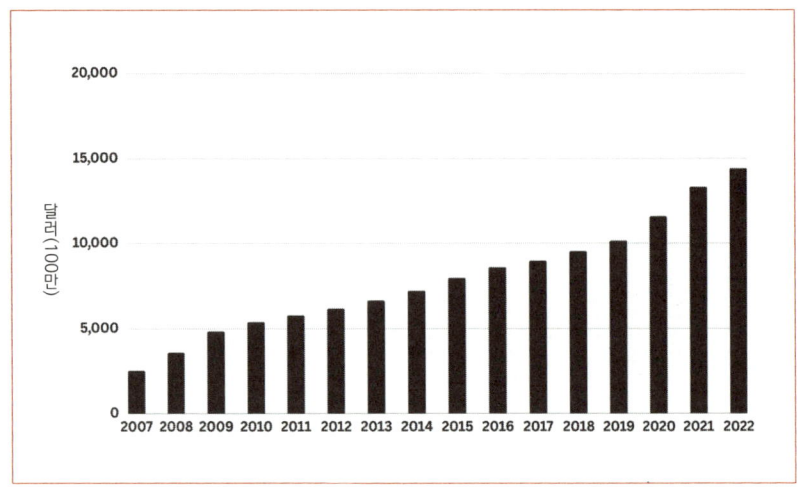

자료 : 오릴리 오토모티브

| 그림 4-4 | 아이덱스 래버러토리스 매출액 추이(2007~2022년)

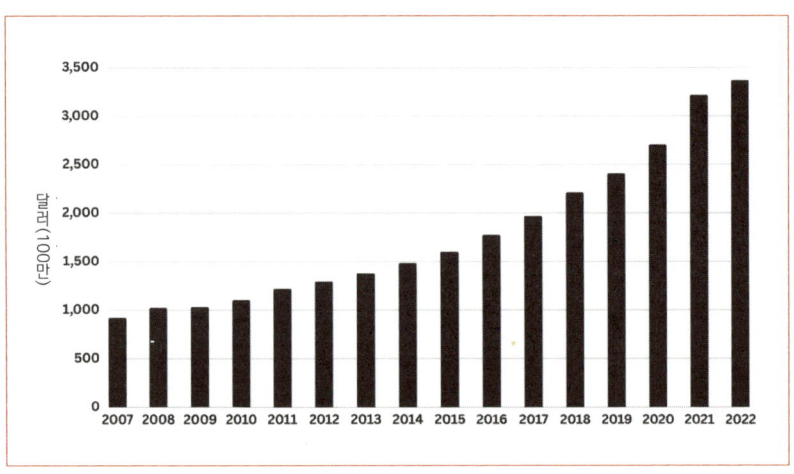

자료 : 아이덱스 래버러토리스

논리적으로 다음 단계는 매출액 변동의 이유를 분석하고 성장에 기여한 요인을 조사하는 것이다.

시장점유율을 높이거나 완전히 새로운 시장에 진출해 더 많이 판매했을 수도 있다. 또 다른 가능성은 새로 개발한 제품을 시장에 성공적으로 출시했을 수 있다. 고객을 잃지 않고 단순히 가격을 인상했을 수도 있다. 또는 우호적인 환율변동으로 인해 매출액은 증가했지만 기본 영업성과가 인상적이지 않았을 수도 있다. 대규모 인수가 성장을 촉진했을 가능성도 있다.

이처럼 매출액 변동을 설명할 수 있는 이유는 여러 가지가 있다. 그리고 이런 각각의 이유에 따라 매출의 '질'이 달라진다. 일반적으로 '매출 증가'와 '가격 인상' 또는 이 두 가지가 조합된 경우에는 '질적 성장'을 나타낸다. 하지만 '대규모 인수'나 '우호적인 환율변동'은 질적 성장과는 거리가 있을 수 있다.

이렇게 매출 추세에는 많은 정보가 숨겨져 있다. 기업의 매출액 추이를 분석하면 귀중한 인사이트를 얻을 수 있다. 성장의 원인과 지속가능성을 파악할 수 있다. 투자자라면 성장의 원동력이 무엇인지 분명히 알아야 한다.

이익의 다양한 유형

분석의 출발점은 '매출'과 '매출 성장'이지만, 이것만으로는 충분하지 않다. 퀄리티 투자자는 더 많은 것을 원한다. '이익' 역시 마찬가지다.

먼저, 이익은 특정 기간 동안의 회사 수입에서 비용을 뺀 후의 플러스 금액이다. 또 이익 성장은, 두 기간을 비교해 숫자가 얼마나 증가했는지 보면 된다. 이익성장률은 다른 모든 조건이 일정하다고 가정할 때 장기적으로 주가가 어떻게 움직일지 예측할 수 있는 지표다.

수익성이 좋은 기업만이 퀄리티 포트폴리오에 포함될 자격이 있다. 수익성 수준에 대해 내가 설정한 요건은 뒤에 가서 다시 설명하겠다. 여기서는 이익의 다양한 유형과 그 성장성에 초점을 맞춰 살펴보도록 하자.

이익에는 다양한 유형이 있으며, 각각의 이익은 투자자에게 고유한 인사이트를 제공한다.

'매출총이익'은 매출액에서 제품생산과 직접 관련된 비용을 공제한 후 남은 금액이다. 매출총이익에서 운영에 따른 비용을 차감하면 '영업이익'이라고도 하는 'EBIT(이자비용·법인세 차감전 이익)'를 얻는다.[1]

그리고 이자비용과 세금을 공제하고 나면 '순이익'이라는 결론에 도달하게 된다. 순이익을 발행 주식 수로 나누면 '주당순이익'이 나온다.

기업의 이익을 분석할 때 나는 영업이익에 집중하는 것을 좋아한다. 영업이익을 기준으로 기업들을 비교함으로써 불필요한 요소는 제외한 핵심 활동을 서로 비교하는 것이 가능해진다.

---

1 저자는 이 책에서 'EBIT'라는 용어를 주로 사용하고 있으나 '영업이익'이라는 용어 또한 같은 의미로 혼용하고 있다. 이 두 용어를 특별히 구분해야 하는 경우가 아니라면, 여기서는 국내 독자들에게 보다 익숙한 '영업이익'으로 통일한다—옮긴이.

매출액	
− 매출원가	
= 매출총이익	
− 영업비용	
= 영업이익	
− 이자비용	
− 법인세	
= 순이익	
÷ 발행주식수	
= 주당순이익	

일단, 매출총이익은 제품이나 서비스 자체의 수익성만 알려줄 뿐, 영업비용과 기업이 얼마나 효율적으로 관리되는지에 대해서는 알려주지 않는다. 또 금융비용과 세금을 고려한 순이익을 기준으로 회사를 비교하는 것 역시 문제가 있다. 모든 회사의 자본구조가 동일하지 않고 국가마다 세금 규정이 다르기 때문에 이런 비교는 의미가 없다.

주당순이익은 투자자들이 가장 많이 사용하지만, 오용되는 숫자이기도 하다. 나는 이 숫자에는 거의 관심을 기울이지 않는다. 물론 기업이 자사주 매입을 통해 주당순이익을 높이는 경우가 있다(만약 올바른 조건 하에서 자사주 매입이 이루어진다면, 주주를 위한 가치를 창출할 수 있다. 이는 자본배분의 좋은 방법이 될 수 있다). 하지만 나의 관심사는 어디까지나 우수한 기본 영업성과로 인해 주당순이익이 증가하고 있는지 여부다.

매출 성장과 이익 성장의 상관관계

　이상적으로는 이익 성장이 매출액 성장보다 빨라야 한다. 이는 규모가 가지는 이점 또는 가격결정력을 나타낼 수 있다. 매출액이 증가하는 동안 특정 비용이 일정하게 유지되면 더 많은 이익을 얻을 수 있다. 따라서 더 높은 이익률로 이어진다.

　이런 이유로 나는 영업이익률에 초점을 맞추고 있다. 영업이익률은 매출액 대비 영업이익의 비율로 쉽게 계산할 수 있다. 다시 말해 영업이익을 매출액으로 나눈 다음 100을 곱하면 된다.

$$영업이익률(\%) = (영업이익 \, / \, 매출액) \times 100$$

　회사가 1억 달러의 매출로 1,000만 달러의 영업이익을 기록한다면 영업이익률은 10%다. 이제 이 회사가 10년 동안 매년 5%씩 매출이 성장한다고 가정해 보자. 이 기간이 지나면 매출액은 1억6,300만 달러 정도가 될 것이다. 영업이익률이 일정하다고 가정하면, 영업이익도 매년 5%씩 성장하여 최종적으로는 1,630만 달러에 달할 것이다.

　그런데 회사가 매년 가격을 인상하고 10년 동안 비용보다 더 빠르게 이익을 늘릴 수 있다면 상황은 달라진다. 즉 영업이익률이 10%에서 15%로 개선되면, 이 기간 이후의 영업이익은 1,630만 달러가 아니라 2,450만 달러(1억 6,300만 달러의 15%)가 된다. 첫해에는 영업이익이 1,000만 달러에 불과했지만 같은 기간 동안 영업이익은 연간 5%가 아니라 9.4% 증가해 거의 2배에 가까운 성장률을 기록한다.

| 그림 4-5 | 울타뷰티 영업이익률 추이(2008~2023년)

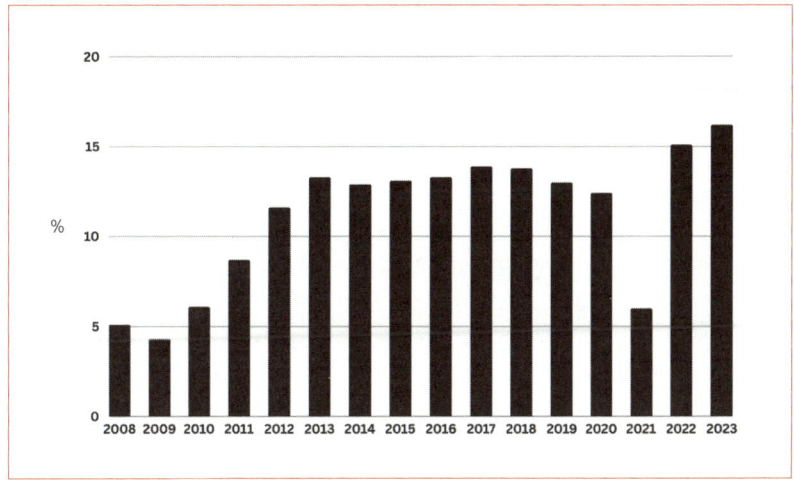

자료 : 울타뷰티

| 그림 4-6 | 액센츄어 영업이익률 추이(2008~2023년)

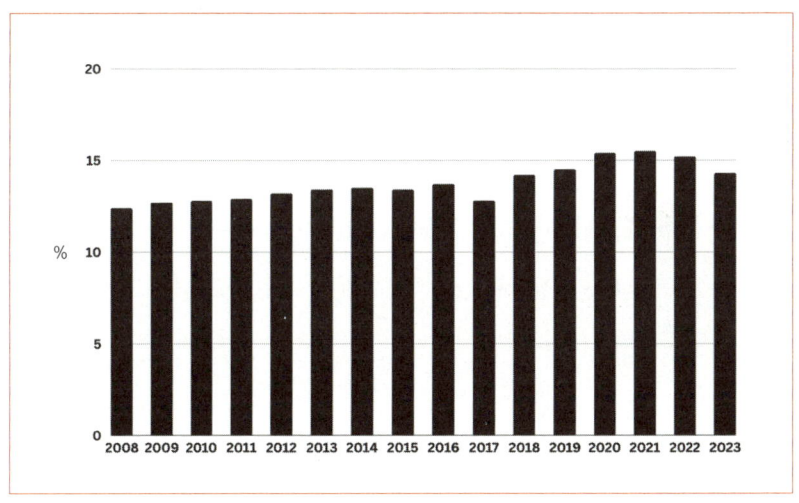

자료 : 액센츄어

이런 점을 잘 이해하고 있는 회사로는 울타뷰티Ulta Beauty와 액센츄어Accenture가 있다. 〈그림 4-5〉와 〈그림 4-6〉은 수년에 걸쳐 상당한 이익률 개선을 보여준다.

이익률이 상승한다는 것은 매출액에서 더 많은 이익을 창출하고 있다는 것을 의미한다. 그리고 이는 경영진이 효율성에 초점을 맞출 때 나타난다. 나는 이런 경우에 박수를 보낸다. 회사의 미래를 위한 필수적인 연구 및 마케팅 비용을 훼손하지 않으면서 이를 실현한다면 말이다.

이익은 계속 성장하는데 매출이 정체되면, 결국에는 이익 성장이 멈출 수 있다는 사실을 깨달아야 한다. 매출이 정체된 상태에서는 비용절감을 무한정 지속할 수 없기 때문에 이익 성장은 지속가능하지 않다. 그런 의미에서 효율성은 한계가 있다. 따라서 이익률 개선이 바람직한 일이긴 하지만, 항상 매출 성장과 같이 이루어져야 한다.

매출 성장은 기업이 창출할 수 있는 가장 높은 형태의 퀄리티 성장으로 간주되기 때문에 매우 중요하다.

마지막으로, 회사가 조정이익adjusted profit 또는 핵심이익core earnings과 같은 용어를 매년 반복해 사용한다면, 투자자는 회의적인 시각을 가져야 한다. 이런 용어는 경영진이 생각하는 것처럼 일회성으로 발생하는 것이 아닐 수도 있다. 재무제표는 명확하고 간단해야 한다.

핵심 포인트

- 투자는 궁극적으로 미래의 결과를 예측한 다음 현재의 공정한 가치를 부여하는 것이다. 하지만 미래를 예측하는 데에는 불확실성이 동반된다. 미래 기대치를 보다 강화하려면 과거 실적을 고려하는 것이 유용하다. '숫자'는 성과에 대한 증거로 작용하며 분석에 도움이 될 수 있다.
- 정량적 기준은 간단하면서도 효과적이다. 매출액성장률과 이익 성장률을 한 눈에 파악하면 투자자에게 유용한 정보를 얻을 수 있다.
- 퀄리티 투자자들은 가급적이면 변동성이 크지 않으면서 꾸준한 매출 성장 실적을 오랫동안 쌓아온 기업을 찾는다. 성장 실적은 회사가 유망한 스토리를 성과로 전환할 수 있다는 증거다.
- 성장세를 분석하면 미래 기대치에 대한 귀중한 통찰을 얻을 수 있다. 그리고 성장이 어디서 오는지와 그 지속가능성에 대해 알려준다.
- 이익 성장은 매출 성장과 함께 이루어져야 한다. 그리고 이상적인 모습은 이익이 매출보다 더 높은 비율로 성장하는 것이다.
- 매출이 정체된 상황에서의 영업이익률 증가는 한계가 있음을 인식해야 한다. 따라서 궁극적으로는 매출 성장이 중요하다.
- 5~10년 동안 매년 최소 5%의 매출 성장과 최소 7~8%의 이익 성장을 목표로 두어야 한다. 이는 퀄리티 투자자에게 추가 분석을 위한 강력한 근거를 제공한다.

2. 이익의 대부분이 잉여현금흐름으로 전환되고 있는가?

'현금'이 가치를 결정한다

지금까지 매출과 이익의 성장에 대해 이야기했다. 매출은 시작점이다. 하지만 비즈니스의 목표는 이익을 창출하는 것이다.

이익은 모든 비용을 차감하고 남은 것으로, 투자자와 기업가가 감수하는 리스크에 대해 기대하는 보상을 나타낸다. 이 관점에서 보면 이익이 비즈니스의 궁극적인 목표라는 것은 합리적이고 논리적으로 보인다. 따라서 투자자들이 주당순이익을 면밀히 모니터링하고 종종 핵심 지표로 간주하는 것은, 어느 정도 이해되는 측면이 있다. 하지만 주당순이익을 핵심 지표로 사용할 경우 투자자들이 좋지 않은 상황에 놓일 수 있다는 점은 염두에 둬야 한다.

'이익'은 지출할 수 없는 회계항목이다. 반면에 '현금'은 사용이 가능하다. 현금흐름은 일정 기간 동안 실제로 들어오고 나가는 돈이다. 하지만 현금흐름이 항상 충분한 관심을 받는 것은 아니다. 투자자들은 과거에 비해 현금흐름의 중요성을 훨씬 더 잘 이해하게 됐지만, 여전히 이익에 집중하고 있다. 현금흐름을 논의할 때, 경영진은 매년 활용할 수 있는 현금을 잘 나타내지 못하는 EBITDA(이자와 법인세, 감가상각비 차감 전 영업이익)와 같은 기준을 자주 입에 올린다.

'잉여현금흐름'에 주목하라

경영진이 인수, 부채 정산 또는 자사주 매입이나 배당금의 형태로 주주에게 환원할 수 있는 자금을 잉여현금흐름FCF이라고 한다. 이 수치는 회사의 정상적인 운영에 영향을 주지 않는 범위 내에서 매년 회사에서 인출할 수 있는 현금을 나타낸다.

'현금이 왕이다'라는 말이 있다. 이 말은 사실이다. 현금이 무엇보다 중요하다. 기업가치 역시 기업이 기록하는 이익이 아니라 매년 창출하는 현금의 양에 따라 결정된다.

주가는
회사가 창출할 미래현금흐름(이익이 아니다!)을
적절한 할인율을 사용해 현재 가치로 평가한 것이다.

그렇다면 회사의 잉여현금흐름이 얼마나 되는지 어떻게 정확히 알 수 있을까?

투자자는 사업보고서에서 이익이나 주당순이익과 같은 용어는 쉽게 접할 수 있다. 회계담당자는 이미 이런 수치를 계산했으며, 손익계산서에서 바로 확인할 수 있다. 하지만 잉여현금흐름은 다르다. 찾기가 쉽지 않다. 일단, 잉여현금흐름을 투명하게 공개하는 회사가 거의 없다. 어쩔 수 없이 투자자가 조금 더 노력해 직접 계산해야 한다. 만

일 이런 정보를 공개하는 곳이 있다면, 잉여현금흐름에 중점을 두고 회사가 운영된다는 소리다. 가점을 부여하기에 충분하다.

다만, 이런 정보를 제공하는 회사마다 잉여현금흐름에 대한 자체적인 정의가 있을 것이다. 따라서 유효한 비교를 하고 일관성을 유지하려면, 투자자 자신만의 잉여현금흐름 계산법이 있어야 한다. 필요한 데이터는 현금흐름표에서 찾을 수 있다.

현금흐름표는 다음과 같은 세 부분으로 구성된다.

- 영업활동 현금흐름
- 투자활동 현금흐름
- 재무활동 현금흐름

먼저, 영업활동 현금흐름은 회사의 영업활동으로 인해 발생하는 현금흐름이다. 감가상각과 같은 비현금성 비용이 이익에 더해져 영업활동으로 인한 현금흐름으로 계산된다. 운전자본의 변화도 영업활동으로 인한 현금흐름에서 다룬다(여기에 대해서는 나중에 다시 설명하겠다).

투자활동 현금흐름을 통해서는 회사의 투자에 대한 이해도를 확인할 수 있다. 회사는 자산을 유지하기 위해 투자를 해야 하며, 성장 기회를 발견하면 추가 자산을 배치해야 하는 경우가 많다. 현금흐름표의 이 부분에는 사업부 매각 또는 인수 관련 내용들이 등장하곤 한다.

마지막으로 현금흐름표에는 재무활동 현금흐름이 표시된다. 기업의 자금조달과 관련된 현금흐름은 여기에서 확인할 수 있다. 이자비용 및 이자수익, 대출금 차입 또는 상환, 자사주 매입이나 배당금과 같이 주주에게 분배되는 현금흐름이 여기에 해당한다.

잉여현금흐름을 계산하는 가장 일반적인 방법

잉여현금흐름을 계산하는 방법에는 여러 가지가 있다. 5명의 애널리스트에게 잉여현금흐름을 계산하는 방법을 물어보면 5가지 대답이 나올 수 있다.

몇몇은 영업이익에서 시작하고, 또 다른 몇몇은 순이익이나 영업활동으로 인한 순현금흐름에서 시작한다. 잉여현금흐름(또는 워런 버핏이 말하는 주주이익owner earnings)을 얻기 위해서는 유지보수 성격의 자본적지출Maintenance CapEx만 고려하는 방법과 모든 자본적지출을 공제하는 방법 중 하나를 선택할 수 있다. 이렇게 각각의 주장이 존재하고, 여기에 대한 찬반 또한 팽팽히 맞서고 있다. 따라서 보다 자세한 논의는 이 책의 범위를 벗어난다. 여기서는 잉여현금흐름 계산방법에는 해석의 여지가 있다는 정도로 마무리하자.

그렇다고 보편적으로 많이 사용하는 계산법이 없는 것은 아니다. 잉여현금흐름을 구하는 가장 일반적이면서도 간단한 방법은, 영업활동으로 인한 순현금흐름에서 자본적지출을 차감하는 것이다. 자본적지출은 회사가 고정자산에 투자한 금액을 나타내며 투자활동으로 인한 현금흐름에 자세히 나와 있다.

잉여현금흐름 = 영업활동 순현금흐름 – 자본적지출

다만, 기업마다 사용하는 용어가 통일되어 있지 않다는 점은 감안해서 볼 필요가 있다. 종목검색기를 사용하지 않고 사업보고서를 직접 살펴본다면 처음에는 혼란스러울 수 있다. '영업활동 순현금흐름' 대신 '영업활동현금' 또는 '영업현금흐름'과 같은 용어들을 접할 수도 있다.

한편, 잉여현금흐름을 기업의 가치를 평가하기 위한 지표에 활용하기도 한다. 시가총액을 잉여현금흐름과 비교(P/FCF)하거나 기업가치를 잉여현금흐름과 비교(EV/FCF)하는 방식이 그것이다. 또 잉여현금흐름은 FCFF^{Free Cash Flow to Firm, 기업잉여현금흐름}와 FCFE^{Free Cash Flow to Equity, 주주잉여현금흐름}로 구분할 수 있다는 점을 감안할 때, 평가지표의 분모에 보다 구체적으로 FCFF나 FCFE를 사용하기도 한다. P/FCFE나 EV/FCFF처럼 말이다.

FCFF는 이자 지급 전에 채권자와 주주를 포함한 모든 회사 이해관계자가 사용할 수 있는 현금흐름을 말한다. 반면에 FCFE는 이자비용을 정산한 후 온전히 주주가 사용할 수 있는 현금흐름을 가리킨다(기업가치평가에 대한 본격적인 논의는 이어지는 5장에서 다루도록 하겠다).

'이익의 질'을 판단할 수 있는 방법

이제 잉여현금흐름을 계산하는 가장 일반적인 방법을 알았으므로, 이익 가운데 잉여현금흐름으로 전환되는 금액이 얼마인지도 확인할 수 있다. 그리고 이는 이익의 '질'을 평가하는 과정이기도 하다.

일부 예외적인 경우도 있겠지만, 기업이 보고하는 회계상의 이익에서 현금으로 남는 것이 거의 없을 때는 이익의 질이 낮다고 할 수 있다. 다시 말해 잉여현금흐름으로 전환되는 이익이 어느 정도 되느냐가 이익의 질을 결정한다. 잉여현금흐름을 순이익으로 나눈 후 그 결과에 100을 곱하면, 이익의 질을 백분율로 나타낼 수 있다.

$$이익의 질(\%) = (잉여현금흐름 / 순이익) \times 100$$

이 비율이 높을수록 이익의 질적 수준이 높다는 의미다. 물론 전체 이익 모두를 현금으로 전환하는 것이 가장 이상적이지만 이렇게 하는 것이 항상 가능한 것은 아니다. 나는 경험상 일반적인 상황에서는 5년에서 10년 동안 이익의 평균 80% 이상이 현금으로 전환되는 것을 목표로 한다.

현금흐름은 일반적으로 이익보다 덜 안정적이기 때문에 가끔씩 발생하는 이상값Outliers은 문제가 되지 않는다.

운전자본 관리가 중요하다

이쯤 되면 회계상의 이익이 잉여현금흐름으로 완전히 전환되지 않는 이유가 궁금할 것이다.

비용은 수익에서 공제되는 것이 맞다. 하지만 손익계산서에는 비용으로 표시되지 않지만 귀중한 현금을 갉아먹는 '지출'도 있다. 그중 하나가 운전자본과 관련한 것이다. 운전자본의 변화는 이익과 현금흐름 사이에 차이가 발생하는 중요한 원인이다.

운전자본은 비즈니스의 일상적인 활동에 자금을 조달하는 데 필요하다. 예를 들어 회사가 제품이나 서비스를 판매하고 나면 고객은 송장[2]을 받는다. 수익은 기록되지만, 고객이 30일 이내에 대금을 지불해야 하는 경우 기업은 아직 현금을 받지 못했다. 다시 말해 매출은 기록되었지만 회사 금전등록기에는 아직 돈이 없다.

재고가 쌓이는 것도 현금흐름에 영향을 미친다. 예를 들어 소매업체가 다음 시즌 고객을 유치하기 위해 새 컬렉션을 구매하는 경우 현금이 필요하다. 이론적으로는 모든 재고가 판매되고 고객이 제때에 대금을 지불하는 경우와 같이, 사건과 현금흐름과의 시간적 차이만 없으면 문제가 되지 않는다. 하지만 안타깝게도 현실에서는 항상 그런 식으로 일이 진행되는 것은 아니다.

재고는 때때로 선반에 그대로 남아서 상당한 할인을 해서 판매하는 경우가 생긴다. 이때 현금 손실이 일어난다. 또 모든 고객의 신용도가 똑같이 높은 것은 아니다. 어떤 고객의 경우에는 의무를 이행하는 데 어려움을 겪을 가능성도 있다. 젊고 성장하는 기업은 성장을 가속화하기 위해 의심스러운 고객에게 '유연한 결제조건'을 제공하기도 한다. 이 역시 현금흐름에 영향을 미친다.

따라서 현금흐름에 미치는 영향을 최소화하기 위해서는 효과적인 운전자본 관리가 중요하다.

---

2 송장(invoice)은 판매자가 관련 계약의 조건을 정당하게 이행했다는 의미로 구매자에게 보내는 문서다—옮긴이.

회계상 이익보다 현금흐름이 더 크다면?

보통은 회계상의 이익이 현금흐름보다 더 크다. 하지만 때때로 그 반대의 경우도 발생한다. 즉, 회사가 기록하는 이익보다 더 많은 현금을 창출할 수도 있다.

이런 일이 발생한다고 해서 계산과정에 의문을 제기하거나 걱정할 필요는 없다. 여기에는 여러 가지 가능성이 있을 수 있다. 가장 일반적인 경우는 기업이 원재료 공급업체에 대금을 지급하는 시점보다 고객이 더 빨리 대금을 납부했을 때이다.[3]

이런 상황에 있는 기업은 공급업체에 대해 일정한 권한을 가지고 있어서 현금흐름이 좋은 경우가 많다. 그리고 이런 현상이 지속적으로 발생한다면, 기업의 성장에 사실상 고객과 공급업체가 일정 부분 자금조달을 담당한 것이 된다. 기업이 이를 달성할 수 있다면 매우 인상적인 일이다.

감가상각 vs 자본적지출

감가상각depreciation과 자본적지출Capital Expenditure, CapEx은 이익과 현금흐름 사이에 차이가 발생하게 하는 추가적인 요소다.

감가상각은 현금으로 유출되는 비용이 아니다. 실제 현금 지출은

---

3 보통의 경우 기업은 원재료를 공급자로부터 납품받고, 제품을 만들어, 고객에 판매한다. 그런데 고객에게 제품 대금을 먼저 받고, 그 후 공급자에게 원재료비를 지불하는 경우도 있다. 이런 경우 회계상의 이익보다 현금흐름이 더 많아질 수 있다—옮긴이.

오래전 유형자산을 구매할 때 이미 발생한 것이다. 따라서 감가상각은 이익에 더해져 영업활동 현금흐름이 계산된다. 그리고 많은 경우 감가상각은 자산을 양호한 상태로 유지하기 위해 얼마나 투자해야 하는지에 대한 기준이 되기도 한다.[4]

자본적지출이라는 필수적인 투자는 현금흐름을 감소시킨다. 하지만 어떤 기업들은 큰 투자 없이 상당한 성장을 이룰 수 있다. 자본집약적이지 않은 기업들의 경우가 그렇다. 이런 기업들에서는 큰 자본적지출 없이도 탄탄한 성장을 이루는 경우가 많다.

그렇다고 해서 자본집약적이지 않은 기업들이 투자를 하지 않는다는 의미는 아니다. 투자를 하는 경우도 많지만, 그 방식은 다르게 공시된다. 이런 기업의 주요 투자는 손익계산서를 통해 이루어진다.

반면에 자본집약적인 기업들은 몇 퍼센트의 성장을 달성하기 위해 상당한 수준의 자본적지출이 필요하다. 퀄리티 투자자로서 내가 이런 기업들이 덜 매력적이라고 생각하는 이유는, 성장을 달성하기 위해 이익의 상당 부분이 연기처럼 사라지는 경우가 많기 때문이다. 이런 기업들은 점점 더 많은 자본을 투자해 성장하고 있을 뿐 가치를 창출하는 경우는 거의 없다.

중요한 것은, 현금은 주주에게 분배되거나 미래에 매력적인 수익을 창출할 성장 프로젝트에 재투자될 수 있을 때만 가치가 있다는 점이다.

---

4 감가상각이 크면, 자산을 현재 상태로 유지하기 위해 추가로 소요되는 비용 지출도 많다. 반면에 감가상각이 작으면, 추가로 소요되는 비용 지출도 적다—옮긴이.

수익성 좋은 재투자

기업의 성장 프로젝트가 자본비용을 초과하는 이익을 창출한다면 (투하자본이익률이 높은 경우라면), 앞서 내가 제시한 '이익의 질(순이익 대비 잉여현금흐름 비율) 80%'에 대한 예외의 경우로 기꺼이 인정할 수 있다.

퀄리티 투자자인 나는 주주에게 배당금 형태로 이익을 분배하기보다는 재투자하는 것을 선호한다. 결국 주주에게는 배당금에 대한 세금이 부과되며, 배당된 자금으로 새로운 수익성 있는 투자처를 찾아야 하기 때문이다.

나는 높은 수익률로 이익을 창출하고, 이를 재투자하는 기업을 매우 매력적으로 생각한다. 이익을 재투자하는 기업은 단기적으로는 보유 현금이 적을 수 있지만(단기적으로는 '이익의 질'이 낮을 수 있지만), 궁극적으로는 번창하는 '현금흐름 기계'로 발전한다. 따라서 이런 보기 드문 기업을 위해서는 이익의 질에 대한 기준을 잠시 뒤로 접어둘 수도 있다고 본다.

하지만 문제가 있다. 현금흐름표에서는 일반적으로 총 투자금액만 확인할 수 있기 때문이다. 이래서는 회사가 현재 비즈니스 상태를 유지하기 위해 투자하는 것(유지보수 자본적지출Maintenance CapEx)인지, 아니면 기업을 더 높은 수준으로 끌어올리기 위해 투자하는 것(성장 자본적지출Growth CapEx)인지 추론할 수 없다.

그래서 내가 주목하는 것은 '투자집약비율investment intensity ratio'이다(성장을 위해 지출하고 있는지 여부를 파악하기 위한 이 비율은 내가 이름을 붙인 것이다). 이는 자본적지출과 감가상각비를 비교함으로써 회사가 성장을 위해 투자하고 있는지 여부를 판단할 수 있는 간단하지만 상당히 정확한 방법이다.

대부분의 업종에서 감가상각이란 교체를 전제로 한 것이다. 회사는 본래 상태를 유지하기 위해 감가상각이라는 이름의 교체비용을 감당하고 있는 셈이다. 따라서 감가상각비는 하나의 기준점이 된다. 만약 감가상각비보다 더 많은 투자가 이루어진다면, 경영진이 회사를 성장시키려는 의도가 있다고 볼 수 있다.

회사가 감가상각한 금액은 경쟁력을 유지하기 위해 재투자된 것이다. 이렇게 하지 않으면 회사는 쇠퇴한다. 예를 들어 회사에서 트럭을 구입하면 내용연수 동안 비용을 분산하기 위해 감가상각이 이루어진다. 시간이 지나면 차량은 결국 교체해야 한다. 트럭은 회사 내에서 중요한 역할을 담당하게 된다. 제품운송이 대표적이다. 트럭이 고장나거나하면 운송할 수 있는 물량이 줄어든다. 따라서 회사의 수익도 줄어들게 된다. 그러므로 낡은 차량을 대체하는 새 트럭에 대한 투자는 순전히 '유지보수 자본적지출'에 해당한다.

반면에 '성장 자본적지출'은 더 많은 제품을 운송할 목적으로 트럭을 추가로 구입하는 경우다. 이때 회사는 확장에 초점을 맞추고 있다.

이렇게 감가상각비는 '유지보수'와 '성장'을 가늠하는 기준이 되는 것이다. 그리고 자본적지출을 감가상각비로 나눈 후 100을 곱하면, 기업이 성장을 위해 지출하고 있는지 여부를 파악할 수 있는 '투자집약 비율'을 얻을 수 있다.

$$투자집약비율(\%) = (자본적지출 / 감가상각비) \times 100$$

그 결과가 100% 정도의 비율이면, 회사가 기존 비즈니스를 유지하기 위해 고정자산에 투자하고 있는 것으로 판단할 수 있다. 반면에 100%를 크게 초과하면, 성장을 위해 투자하고 있는 것이다.

성장을 위해 막대한 투자를 단행하면서 이익의 질은 저하되었지만, 여전히 퀄리티 투자자에게 매력적인 상황을 제시하고 있는 월마트Walmart를 예로 들어 보자.

〈그림 4-7〉과 〈그림 4-8〉을 보면, 월마트는 1990년부터 계속해서 자본적지출이 감가상각비를 초과하는 경우가 많았다. 특히 90년대 초반에는 초과하는 정도가 엄청났음을 확인할 수 있다. 그리고 그와 정반대로 이익의 질은 열악한 모습을 나타냈다. 심지어 90년대 초반에는 마이너스를 기록하기도 했다.

이를 종합해보면 월마트의 경우 한때 이익의 질이 나빴던 것은 강도 높게 진행된 성장에 대한 투자 때문이었음을 알 수 있다. 최근 10년 동안 월마트는 성장의 한계에 도달했기 때문에 90년대만큼 투자를 많이 하지는 않았다. 그 결과 10년 동안 이익의 질은 크게 개선되었다.

열악한 이익의 질은 처음에는 매력적이지 않게 보일 수 있다. 궁극적으로는 회계상의 이익을 잉여현금흐름으로 전환하는 비율이 80% 이상인 것을 목표로 해야 한다. 하지만 투자 강도가 높고 회사가 자본비용을 초과하는 이익을 창출한다면, 회사가 성장 프로젝트에 재투자하고 있다고 볼 수 있다. 따라서 퀄리티 투자자에게 월마트는 이익

| 그림 4-7 | 이익의 질(FCF/순이익) : 월마트 1990~2023년

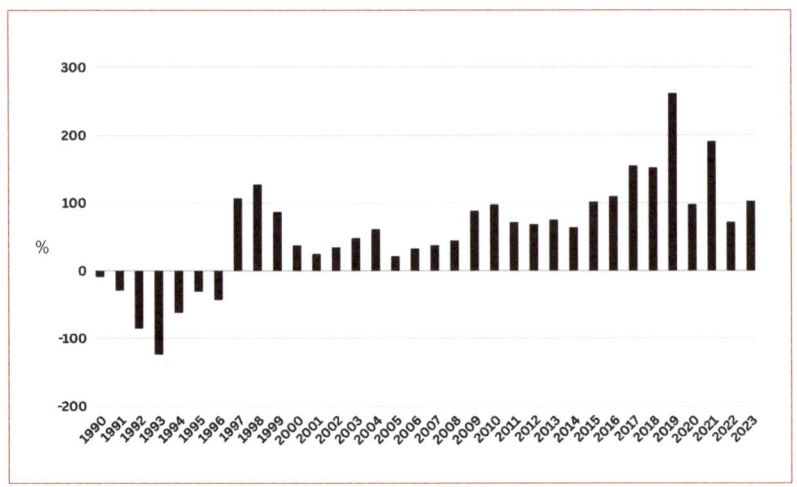

자료 : 월마트

| 그림 4-8 | 투자집약비율(자본적지출/감가상각비) : 월마트 1990~2023년

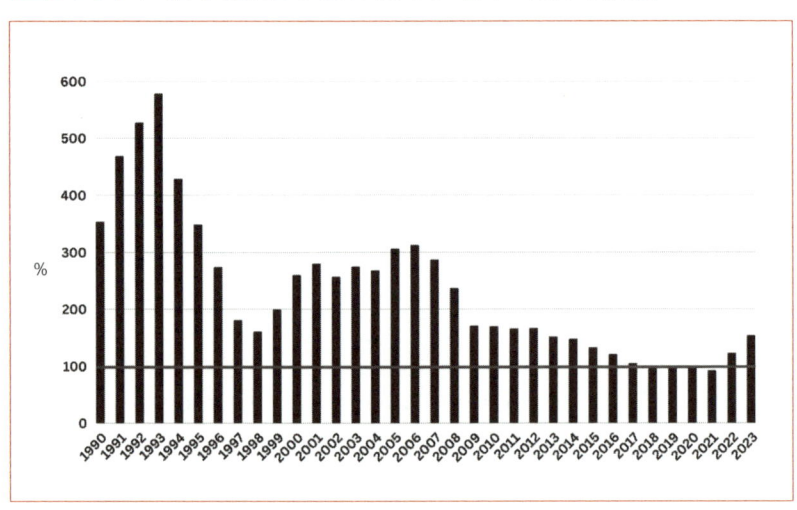

자료 : 월마트

의 질과 관련해 기꺼이 예외의 경우로 인정할 수 있다.

그리고 강도 높게 진행된 성장에 대한 투자는 분명한 성과로 결실을 맺고 있다. 1990년 20억 달러에 불과했던 월마트의 영업이익은 2023년에는 200억 달러로까지 증가했다.

다만, 회사의 규모가 커질수록 이익을 실현하는 것이 더 어려워진다는 점은 투자자들이 따로 염두에 두고 있어야할 대목이다.

'이익'과 '현금'의 차이

결론적으로 현금흐름에 집중하는 것이 추가적인 이점을 제공한다. 이와 관련해서는 잘 알려진 투자격언이 있다.

이익은 주장이고, 현금은 팩트다!

회계상의 이익은 조작할 수 있으며, 투자자를 오도하는 것으로 사용될 수 있다. 현금흐름도 물론 조작할 수는 있지만, 이를 위해 회사 재무책임자는 온갖 방법을 동원해야 하는 어려움이 있다.

핵심 포인트

- 잉여현금흐름(= 영업활동 순현금흐름 – 자본적지출)에 대해 이해하고 그 중요성을 분명히 알아야 한다.
- 잉여현금흐름으로 전환되는 이익이 어느 정도 되느냐가 이익의 질(= 잉여현금흐름/순이익)을 결정한다. 잉여현금흐름으로 전환되는 이익이 많을수록 이익의 질은 높아진다.
- 운전자본을 비롯해 감가상각, 자본적지출 등으로 인해 회계상의 이익과 현금흐름 사이에 차이가 발생한다.
- 5~10년간 이익의 평균 80% 이상이 현금으로 전환되는 것을 목표로 하라.
- 높은 수익률로 이익을 창출하고, 이를 재투자하는 기업의 경우 예외적으로 이익의 질이 열악할 수 있다.
- 투자집약비율(= 자본적지출/감가상각비)을 통해 기업이 성장을 위해 투자하고 있는지 여부를 파악할 수 있다.

3. 투하자본이익률은 높은가?

퀄리티 주식을 찾아주는 강력한 지표

이해를 돕기 위해 가상의 예를 들어 보겠다. 갖고 있는 돈 5만 달러를 지금 활용해 내년에 이 돈을 5만1,000달러로 불리려고 한다. 그리고 그 방법으로 저축을 하려고 한다. 두 개의 은행이 있다. 첫 번째 은행의 이자율은 2%이고, 두 번째 은행의 이자율은 고맙게도 4%다.

목표인 1,000달러를 얻으려면 첫 번째 은행에 5만 달러 전액을 예치해 내년에 이자(1,000달러)를 받으면 된다. 두 번째 은행에는 가진 돈의 절반인 2만 5,000달러를 맡기면 동일한 이자를 받을 수 있다.

이제 보다 현명한 선택에 대해 이야기 해보자. 두 은행에서 똑같이 1,000달러의 이자를 얻을 수 있다. 결과적으로 두 은행 모두 목표 달성에 도움이 된다. 하지만 두 번째 은행을 선택하면, 가진 돈의 절반만 맡기면 된다. 그러니까 나머지 2만 5,000달러는 유용하게 다른 곳에 활용하거나 혹은 퀄리티 주식에 투자할 수도 있다. 합리적인 사람이라면 당연히 두 번째 은행을 선택할 것이다.

주식을 고를 때도 역시 마찬가지다. 사실, 주식을 소유한다는 것은 기업의 자본을 일부 소유한다는 의미다. 하지만 안타깝게도 모든 투자자가 이런 상황에 똑같은 관심을 기울이는 것은 아니다. 투자자라면 기업이 자본을 가지고 어떻게 이익을 창출하는지에 반드시 관심을 가져야 한다.

그리고 다행히 이에 대한 통찰을 얻을 수 있는 방법이 있는데, 바로 투하자본이익률(ROIC)이다. 기업이 투자한 1달러당 10센트의 이익을 창출한다면, 이 기업의 ROIC는 10%다. 이 비율은 기업이 자본을 얼마나 효율적으로 활용하고 재무상태표를 관리해 이익을 창출하는지를 바로 알려준다.

투자한 1달러당 40센트의 이익을 내는 기업은, 투자한 1달러당 5센트의 이익만 내는 기업보다 당연히 더 매력적이다. ROIC가 높다는 것은 퀄리티 기업이라는 뜻이다.

나는 주식을 선택할 때 이 비율을 면밀히 모니터링한다. 만약 대상 기업이 내가 정한 요건에 충족하지 않으면 주저없이 포기한다. 이 비율은 기업의 수익성, 효율성, 가치창출에 대한 통찰을 제공하는 강력한 지표다.

ROIC는 요구수익률에 대해서도 많은 것을 알려준다. 투하자본에 대한 높은 이익률을 기록하는 기업은 상대적으로 더 적은 투자로도 특정 성장률을 달성할 수 있다. 따라서 외부 자본의 필요성이 그만큼 줄어든다. 또 재무관리를 잘할 수 있어 재무상태표에도 도움이 된다.

그리고 투하자본에 대한 높은 이익률은 지속가능한 경쟁우위가 있다는 것을 의미하며, 이를 구체적인 숫자로 증명하고 있는 것이다. 이는 퀄리티 투자자들이 매우 중요하게 여기는 요소다. 따라서 자연스럽게 복제하기 어려운 가치 있는 무형자산을 보유한 비즈니스에 관심 가지게 만든다. 투하자본에 대한 높은 이익률의 비결은 양적 요소가 아니라 질적 요소에 있다.

투하자본에 대한 지속적인 높은 이익률은

지속가능한 경쟁우위의 결과이지, 그 반대가 아니다.

투하자본에 대한 높은 이익률은 그 자체로도 이미 강력한 변수이지만, 앞서 설명한 첫 번째 정량적 기준인 매출 성장과 함께할 때 그 진가를 발휘한다. 이는 수익의 일부를 똑같이 유리한 조건에서 재투자할 수 있는 기회를 만들어 복리 효과로 이어지게 만들 수 있기 때문이다.

복리의 힘

복리 효과compounding effect에 대해 좀 더 자세히 설명할 필요가 있다. 기업은 성장 기회가 보이지 않을 때 배당금을 지급하거나 자사주를 매입하는 등 주주에게 이익을 환원하는 방법을 선택하는 경우가 많다.

가상의 회사 리턴즈Returns Inc.가 바로 그런 회사다. 자본은 1억 달러이고 20%의 이익을 창출한다. 이익은 2,000만 달러에 달하며, 성장 기회가 없기 때문에 전액 주주에게 배분된다.

이런 상황은 매년 반복된다. 특별히 변하지 않는다면 25년 후에도 회사는 여전히 2,000만 달러의 이익을 기록할 것이다. 이 시나리오에서는 복리 효과가 발생하지 않는다.

하지만 다른 방법도 있다. 또 다른 가상의 회사인 컴파운딩 Compounding Inc.의 성과는 '리턴즈'와 동일하다. 이 회사도 20%의 이익을 창출한다. 차이점은 '컴파운딩'의 경우 점진적으로 성장하는 최종 시장에서 운영되며 25년 동안 동일한 매력적인 조건으로 이익을 재투자할 수 있는 기회를 포착했다는 점이다. 이것이 투자자의 판도를 뒤바꾼다.

컴파운딩은 리턴즈와 마찬가지로 자본은 1억 달러다. 첫해에는 리턴즈와 마찬가지로 20%의 이익을 기록한다. 하지만 컴파운딩은 이 돈을 주주에게 배당하지 않고 수익성 있는 성장 프로젝트에 전액 재투자한다. 따라서 이듬해에는 자본은 더 이상 1억 달러가 아니라 1억 2,000만 달러가 된다.

이제부터 컴파운딩과 리턴즈는 차이가 벌어지기 시작한다. 컴파운딩의 경우 1억 2,000만 달러에서 20%의 이익이 발생한다. 즉, 재투자한 2,000만 달러는 이제 2,400만 달러의 이익(1억 2,000만 달러의 20%)을 기록한다. 이 2,400만 달러는 회사가 운영하는 시장이 성장하면서 경영진의 확장 노력을 충분히 반영할 수 있다는 점을 감안해 다시 전액 재투자된다. 이제 자본은 1억 4,400만 달러로 증가한다. 회사는 해당 자본에 대해 20%의 이익을 계속 기록하고 있으며, 이는 현재 2,900만 달러의 이익을 달성했음을 의미한다.

컴파운딩이 해마다 이런 성장을 계속한다면 25년 후에는 자본이 2억 5,000만 달러, 심지어 4억 달러가 될 수도 있다! 이익 역시 25년 후에는 무려 19억 달러로 불어날 것이다! 이것이 바로 복리의 힘이다. 회사가 성장 기회를 포착해 이익을 매력적인 조건에서 활용할 수

있을 때만 가능한 일이다(이런 놀라운 눈덩이 효과snowball effect에 대해서
는 뒤에 가서 보다 자세히 살펴보도록 하겠다).

'이익률'은 스토리의 일부만을 알려준다

사람들은 종종 수익성을 나타내는 지표로 이익률profit margins에 대
해 이야기한다. 대부분의 사람들은 ROIC보다 이익률이 더 자주 언급
된다는 데 동의할 것이다.

이익률은 매출과 이익을 비교해 회사의 활동이 얼마나 수익성이
있는지에 대한 근거를 제공한다. 퀄리티를 고려할 때 매우 중요하지
만, 그렇다고 이익률이 모든 것을 다 알려주는 것은 아니다. 일단 매
출액은 고객이 회사에 주는 돈일 뿐이다. 오히려 나는 회사의 수익성
을 투자자와 은행이 맡긴 자본에서 창출된 이익 측면에서 이해하는
것이 더 흥미롭다. 이때는 회사가 해당 이익을 창출하는 데 필요한 자
본의 비율로 표시된다. 이것은 이익률이 알려줄 수 없는 부분이다. 투
자자인 나는 회사 전체의 수익성을 측정하는 데 ROIC가 더 명확한
그림을 그려준다고 본다.

이익률이 높은 다수의 기업은 ROIC도 높지만(이익률은 ROIC의
핵심 요소이기 때문이다), 높은 이익률 없이도 매우 효율적으로 높은
ROIC를 창출하는 우수한 기업들도 있다. 월마트나 베스트바이Best
Buy 같은 기업들이 그 예다.

이들 기업의 이익률은 업계에서 흔히 볼 수 있는 정도의 낮은 수준
이지만, ROIC는 놀라울 정도로 높다. 그 이유는 판매량이 많기 때문

에 투자한 자본 1달러를 수 달러에 달하는 이익으로 전환하기 때문이다. 낮은 이익률에도 불구하고 자본회전율이 높기 때문에 투하자본에 대한 상당한 이익을 달성할 수 있는 것이다.

자본회전율이 높고 이익률이 낮은 경우, 지속가능한 경쟁우위는 종종 제품 고유의 특성보다 높은 회전율에 있다. 반대로 이익률이 높고 자본회전율이 낮은 기업은 제품 고유의 특성에서 경쟁우위를 발견할 수 있다.

ROIC를 높이는 다양한 요소를 이해하는 간단한 방법이 있는데, 바로 듀퐁분석DuPont Analysis이다. 여기에 대해서는 뒤에 가서 자세히 살펴보게 될 것이다. 지금부터는 ROIC를 계산하는 방법부터 본격적으로 다뤄보도록 하자.

ROE, ROA 그리고 ROIC

같은 주제에 대한 다양한 해석이 있다. 어떤 사람들은 ROIC에 초점을 맞추는 반면, 또 다른 사람들은 자기자본이익률return on equity, ROE 또는 총자산이익률return on assets, ROA과 같은 지표를 선호한다. 비슷한 지표들이긴 하지만, 나는 후자의 두 가지는 선호하지 않는다.

먼저, ROE를 사용하는 경우 비율을 결정하는 구성 요소를 검토해야 한다. 자사주를 매입하거나 부채로 재무상태표를 채우면 ROE가 높아질 수 있다. 이런 경우 ROE가 개선되었다고 해서 반드시 기본 비즈니스 성과가 개선된 것은 아니므로, 이 비율은 잘못 해석될 여지가 있다.

ROA 역시 단점을 갖고 있다. ROA는 순이익을 총자산과 비교한다. 그러나 순이익은 주주가 사용할 수 있는 돈을 나타내는 반면, 총자산은 주주와 채권자 등 회사의 모든 이해관계자가 자금을 조달한 것이다. 따라서 비교 대상이 불일치를 이룬다. 게다가 총자산에는 기업의 운영 활동과 무관한 항목이 포함되어 있기 때문에, ROA는 사용하지 않는 것이 좋다.

이런 단점들은 내가 ROE와 ROA에 의존하지 않는 충분한 이유가 된다고 본다. 따라서 지금부터 ROIC에만 집중할 것이다. 다만, ROIC 내에서도 다양한 변수가 존재하며, 모든 분석가들은 각자의 해석을 가지고 있는 것 같다.

ROIC 기본공식

ROIC는 직접 계산할 필요가 없는 경우가 많다. 온라인에서 성장률이나 수익률을 확인할 수 있는 것처럼 ROIC도 마찬가지다. 대부분의 경우 핀챗과 같은 웹사이트에서 제공하는 숫자만으로도 충분할 수 있다. 이렇게 하면 ROIC를 계산하는 수고를 덜 수 있으며, 복잡성을 고려할 때 이는 많은 사람들에게 안도감을 준다.

숫자로 작업하는 것을 좋아하는 투자자라면, 직접 ROIC를 계산해 보는 것도 추천한다. ROIC를 구하는 방법에는 여러 가지가 있으며, 종목검색기에만 의존하면 길을 잃을 수도 있다. 직접 계산해보면 사용된 방법이 일관되게 적용되는지 여부도 확인할 수 있다.

ROIC의 두 가지 형태, 즉 일반적인 기본공식과 그만큼 자주 사용되지는 않지만 운영ROIC^{Operational ROIC} 모두 사용할 수 있다. 두 가지는 서로 다르게 해석될 수 있으며, 각 공식대로 적당한 목적이 있다.

먼저 다음과 같은 기본공식부터 살펴보자.

$$ROIC = (NOPAT / 투하자본) \times 100$$

공식의 분자에는 NOPAT^{Net Operating Profit After Tax, 세후영업이익}를 사용한다. NOPAT는 이미 익히 알고 있는 영업이익에서 법인세를 차감해 계산한다.

$$NOPAT = 영업이익 \times (1 - 세율)$$

ROIC 공식의 분모인 투하자본을 계산하려면 회사의 재무상태표를 살펴봐야 한다. 투하자본으로 이어지는 몇 가지 경로가 있다. 가장 간단한 방법은 다음과 같다.

$$투하자본 = 총자산 - 비이자발생 유동부채$$

총자산은 재무상태표의 왼쪽에 있으며, 유동자산과 비유동자산으로 분류할 수 있다.

유동자산은 비교적 쉽게 현금으로 전환할 수 있는 항목을 의미한다. 현금및현금성자산, 재고자산, 매출채권 등이 여기에 해당한다.

비유동자산은 회사가 장기간에 걸쳐 사용하는 자산을 포함한다.

토지, 건물과 같은 유형자산과 특허, 영업권goodwill 같은 무형자산이 그 예다. 영업권은 기업이 다른 기업을 인수할 때 장부가액에 얼마 정도를 더 덧붙여서 지불한 바로 그 부분이다.

재무상태표의 오른쪽에는 단기간에 정산해야 하는 부채를 나타내는 유동부채가 있다. ROIC를 계산하려면 비이자발생 유동부채만 있으면 된다. 여기에는 은행 대출과 리스 부채를 제외한 모든 유동부채가 포함된다.

총자산에서 비이자발생 유동부채를 빼면 투하자본을 간단히 계산할 수 있다.

재무상태표는 특정 시점의 상태를 나타내므로 검토 대상 연도의 1월 1일과 12월 31일의 재무상태표 포지션을 기준으로 투하자본 평균을 구할 수 있다. 〈표 4-1〉의 예시는 가상의 사업보고서 데이터를 활용해 ROIC를 계산한 것이다.

공식에 가상의 데이터를 적용하면 ROIC는 10%다. 그렇다면 여기서 알 수 있는 것은 무엇일까? 일단 이 회사의 자본비용은 8%라고 가정해보자. 그렇다면 10%라는 수치는 이 회사가 적당히 수익성이 있음을 나타낸다. 기업은 자본비용 이상의 ROIC를 창출할 때만 가치가 창출된다.[5] 자본비용이 8%고 회사가 성장하고 있다면, 10%의 ROIC로 가치가 창출된다.

그러나 자본비용이 8%인데 ROIC가 5%에 불과하다면, 회사의 성

---

5 자본비용은 가중평균자본비용이다. 성장하는 동안 ROIC가 자본비용보다 낮으면 가치가 파괴된다. 자본비용보다 낮은 수익률로 투자하는 것은 자금을 나쁜 곳에 쓰는 경우와 같다.

| 표 4-1 |

손익계산서	
매출액	50
매출원가	20
매출총이익	30
영업비용	18
영업이익	12
이자비용	3
세전순이익	9
법인세비용	1.5 (실효세율 16.67%)
순이익	7.5

재무상태표	
현금및현금성자산 20	매입채무 10
매출채권 10	이연수익 10
재고자산 10	단기부채 20(이자 발생)
유동자산 40	유동부채 40
고정자산 40	장기부채 40
영업권 40	
비유동자산 80	비유동부채 40
	자본 40
총 자산 120	총 부채 및 주주자본 120

$$\text{NOPAT} = 영업이익 \times (1-세율)$$
$$= 12 \times (1 - 16.67\%)$$
$$= 10$$

$$투하자본 = 총자산 - 비이자발생 유동부채$$
$$= 120 - 20$$
$$= 100$$

$$\text{ROIC}(\%) = \text{NOPAT}/투하자본 \times 100$$
$$= 10/100 \times 100$$
$$= 10\%$$

장은 도리어 가치를 파괴할 것이다. 경영진이 비용보다 수익률이 낮은 프로젝트에 투자하고 있는 경우가 여기에 해당한다. 이런 자금이 동일한 위험 수준을 가진 다른 곳에 보다 더 잘 활용된다면, 더 많은 이익을 얻을 수 있다.

퀄리티 투자자라면 예시로 든 'ROIC 10%'라는 수치 역시 만족하지 못할 것이다. 퀄리티 투자자가 찾는 것은 '보통'이나 '좋은 것'이 아니라 '탁월한 것'이기 때문이다. 나는 경험상 최소 15% 이상의 ROIC를 목표로 한다. 높은 ROIC와 매력적인 밸류에이션이 함께 나타난다면 더욱 관심을 끌게 될 것이다.

투하자본에 대한 높은 이익률을 기록하는 경우 회사의 성장은 가치를 창출한다. 하지만 투하자본에 대한 낮은 이익률을 기록하는 경우, 즉 자본비용보다 낮은 이익을 창출하는 회사는 성장 시 오히려 가치가 떨어진다. 그런데 이렇게 가치가 떨어지는 기업이 투자자에게 매력적으로 다가오는 경우도 있다. 이는 낮은 밸류에이션으로 설명할 수 있다.

이런 경우 투자자에게 기회가 생길 수 있기 때문이다. 만일 저조한 실적을 보인 현재의 경영진이 유능한 새 경영진으로 교체된다면, 상황은 달라질 수도 있다. 회사는 보다 효율적으로 운영되면서 실적 개선에 적극적일테니 말이다. 또 경제 상황 등의 변화에 따라 회사가 이익을 얻을 수도 있다. 투자자들이 취약한 기업에 투자하고 싶은 유혹을 느낄 수 있는 이유가 여기에 있다.

하지만 의도한 대로 실현되지 않는 한, 이런 기업은 지속적으로 가치를 떨어뜨릴 수 있다는 점을 분명히 인식할 필요가 있다.

강한 기업과 달리 약한 기업에게는

시간이 불리하게 작용한다.

더 많은 현금, 더 많은 가치

ROIC라는 지표는 투자자에게 매우 유용하다. 일단 '최소 15%의 ROIC'를 고수하는 것만으로도 많은 수고를 덜 수 있다. 이 기준에 미달하는 전 세계 수천 개의 기업은 자연스럽게 잠재적 투자 대상에서 제외된다. 이 벤치마크 덕분에 가치가 창출되고 있는지에 대해 따로 걱정할 필요 또한 없다. 대부분의 경우 자본비용이 15%보다 낮기 때문에 회사는 성장을 통해 가치를 창출한다.

게다가 ROIC는 경영진의 자본배분 능력에 대해서도 유용한 이야기를 들려준다. 기업이 주주를 위해 가치를 창출하는지, 기본 비즈니스가 얼마나 효율적인지, 인수 시 장부가액 이상으로 지불한 프리미엄은 적정한지, 특정 성장률을 달성하기 위해 얼마나 많은 현금이 필요한지 등등의 질문에 나름의 답을 제시한다. 그리고 투자자들이 많이 하는 이런 질문들은 모두 자본배분과 연관된 것이다.

ROIC는 회사가 특정 성장률을 달성하는 데 필요한 현금의 양을 결정할 때 필수적이다. 이런 성장에 필요한 자금을 조달한 후 잉여현금흐름이 얼마나 남아 있는지 파악하는 데에도 중요하다. 그리고 이 정보는 회사의 공정가치를 결정하는 데 매우 중요하다.

이는 앞서 설명한 두 은행 사례에서도 이미 확인한 바 있다. 두 은행 모두에서 필요한 1,000달러를 이자로 받을 수 있다. 하지만 4%의 이자율을 제공하는 은행에는 가진 돈의 절반인 2만 5,000달러만 예치하면 된다. 반면에 2%의 이자율을 제공하는 은행에서는 동일한 결과를 얻기 위해 가진 돈 전액인 5만 달러를 예치해야 한다. 따라서 의미있는 다른 일을 할 수 있는 여유자금이 남지 않는다.

기업도 마찬가지다. 가장 강한 기업은 가진 돈을 모두 쏟아붓지 않아도 뛰어난 이익을 창출한다. 그리고 남은 돈은 배당금을 지급하거나 자사주를 매입할 수 있다. 또 부채를 줄이는 데 사용할 수도 있다. 기업을 인수하거나 재무상태표에 현금을 쌓아두는 것 또한 선택할 수 있다. 분배 가능한 현금을 많이 창출하는 기업이 주식시장에서 더 높은 가치를 인정받는 것은 놀라운 일이 아니다.

기업의 가치는 미래에 창출할 잉여현금흐름의 현재 가치다.
현금흐름이 커질수록 가치가 높아진다.

이렇게 튼튼한 기업이 같은 업종의 그렇지 않은 기업에 비해 프리미엄을 받고 거래된다는 사실은 충분히 설명 가능하고 합리적이다.

ROIC의 또 다른 버전

이익 성장에는 종종 고정자산에 대한 투자가 필요하다. 이런 투자에 얼마나 많은 현금이 필요한지 평가할 때 ROIC가 중요한 역할을 한다. 기업의 ROIC가 높을수록 특정 성장률을 달성하는 데 필요한 현금의 양은 상대적으로 줄어든다. 그리고 투자에 들어가는 돈이 덜 필요하면, 남는 돈은 주주에게 더 많은 배당을 제공할 수 있어 기업의 가치가 높아진다.

요약하면, ROIC는 회사가 특정 성장률을 달성하는 데 필요한 현금의 양을 결정할 때 반드시 필요한 지표다.

하지만 여기에는 고려해야할 사항이 하나 있다. 성장에 필요한 현금의 양을 결정하려면 투하자본, 즉 ROIC의 분모를 일부 조정해야 한다. 원래의 투하자본에는 성장을 위해 투자가 필요하지 않은 항목도 포함되어 있기 때문이다. 이런 항목을 투하자본에 그대로 포함하면 성장에 필요한 현금 수치가 왜곡된다.

따라서 회사가 성장할 때 투하자본에서 어떤 항목에 투자가 필요 없는지 먼저 고려해야 한다. 영업권(또는 취득한 무형자산)[6]과 과다보유 현금[7] 등이 대표적이다. 회사가 성장하고자 한다면 이런 항목에는 투

---

6 영업권과 취득한 무형자산은 ROIC 분석에서 동일하게 취급되므로, 이하에서는 '영업권'을 두 자산을 모두 지칭하는 용어로 사용한다.

7 과다보유 현금(excess cash)은 비즈니스의 정상적인 운영에 필요하지 않은 현금으로 간주한다. 기업은 이에 대한 자세한 정보를 제공하지 않는다. 일반적으로 비즈니스의 정상적인 운영을 위해서는 수익의 2%에 해당하는 현금이 필요하다고 본다. 따라서 수익의 2%를 초과하는 현금은 과다보유 현금으로 간주할 수 있다.

자할 필요가 없다.

투하자본을 계산할 때 '투자가 필요한 항목'만 고려하면 회사가 성장하기 위해 얼마나 많은 투자가 필요한지 더 잘 이해할 수 있다. 따라서 영업권과 과다보유 현금을 제거하는 작업이 필요하다. 그리고 이런 조정과정을 거친 ROIC를 따로 '운영ROIC^Operational ROIC'라고 부른다.

영업권은 재무상태표상의 자산이다. 과거 인수 시 지급한 대금에서 장부가액을 뺀 부분이다. 그렇다면 영업권을 성장시키기 위해 재투자해야 할까? 아니다. 영업권은 운영자본이 아니라 금융자본이다. 그렇기 때문에 영업권은 운영ROIC의 투하자본에 포함되지 않는다 (참고로, 인수가 성장전략의 중요한 부분인 기업에서는 예외가 있다).

과다보유 현금 또한 운영ROIC의 투하자본에서 차감한다. 영업권과 동일한 논리가 적용되지만, 이 문제에 대해서는 2가지 의견이 대립하는 것도 사실이다.

한 쪽에서는, 경영진이 재무상태표에 현금을 보유하고 있는 한, 그 경영진이 적절한 이익을 창출할 책임이 있기 때문에 투하자본에 현금을 남겨두어야 한다고 생각한다. 만약 그렇지 못한다면 현금은 이미 주주에게 반환되어야 한다. 불합리한 생각은 아니다.

다른 한편에서는, 앞서 언급했듯이 회사가 성장할 때 현금에는 따로 투자할 필요가 없다는 단순한 이유 때문에, 과다보유 현금을 분모에서 차감해야 한다고 주장한다. 그러니까 운영ROIC의 경우가 여기에 속한다.

나는 회사가 특정 성장률을 달성하기 위해 얼마나 많은 재투자가 필요한지를 보다 정확하게 파악하기 위해 운영ROIC를 사용한다. 이렇게 하면 과거에 비용이 많이 들었던 인수나 과다보유 현금으로 넘쳐나는 재무상태표로 인해 그림이 왜곡되지 않는다.

그렇다고 영업권과 과다보유 현금이 중요하지 않다는 뜻은 아니다. 물론 중요하지만, 운영ROIC를 통해 답을 얻고자 하는 다음과 같은 2가지 질문에는 적합하지 않다.

1. 운영자본을 얼마나 효율적으로 활용해 이익을 창출하고 있으며, 따라서 회사의 기본 펀더멘털 성과는 얼마나 견고한가?
2. 특정 성장률을 달성하기 위해 회사가 재투자해야 하는 금액은 얼마인가?

두 번째 질문에 답을 할 수 있다면, 앞으로 얼마나 많은 기업잉여현금흐름(FCFF)을 창출할 수 있는지 추정할 수 있다. 결국 재투자되지 않은 금액은 모두 잉여현금흐름에 해당하기 때문이다. 그리고 이런 정보를 사용해 회사의 공정가치를 결정할 수 있다.

추가 학습자료

이제까지 ROIC 계산과 관련된 여러 측면에 대해 소개했다. 하지만 의도적으로 모든 것을 다루지는 않았다. 중요한 것은, ROIC가 생각보다 더 많은 이야기를 들려줄 수 있다는 점이다.

더 깊이 공부하려는 이들에게는 관련 자료와 책을 추천한다. 우수한 투자자가 되기 위해 모든 세부사항까지 다 알아야 한다고는 보지 않는다. 나는 대부분의 경우 ROIC 기본공식으로 충분하다고 본다. 하지만 숫자가 두렵지 않고 이 주제가 흥미롭다면 언젠가는 더 깊이 파고드는 것도 나쁘지 않다.

마이클 모부신Michael J. Mauboussin의 논문 「투하자본이익률 계산 Calculating Return on Invested Capital」이 큰 도움이 될 것이다. 모부신은 이해하기 쉬운 언어로 문제의 본질을 알려준다. 이 논문은 매우 유익하며 온라인에서 쉽게 접근할 수 있다. 또 맥킨지앤컴퍼니McKinsey & Company의 『기업가치평가Valuation』라는 책은 ROIC를 정확하게 계산하는 방법을 알려주고 성장, ROIC, 잉여현금흐름 간의 관계를 명확하게 설명한다.

언제 어떤 방식을 사용해야 하는가?

전통적인 'ROIC 기본공식'과 이를 조금 응용한 '운영ROIC' 중 어떤 방식을 선택하느냐는 분석을 통해 달성하려는 목표에 따라 달라진다. 각각 방식은 서로 다른 이야기를 들려주며, 둘 다 유용한 정보를 제공한다.

경영진의 자본배분 능력을 평가하고,

인수 시 장부가보다 높은 프리미엄을 고려하여

가치 창출 여부를 판단하고 싶다면

'ROIC 기본공식'으로도 충분하다.
하지만 회사가 근본적으로 어떻게 이익을 창출하는지,
성장 자금을 조달한 후 얼마나 많은 현금이 남는지 파악하려면
'운영ROIC'를 계산하는 것이 적절한 방법이다.

'ROIC'와 '성장' 간의 균형

높은 ROIC는 바람직하다. 그러나 ROIC가 점점 높아진다고 해서 반드시 회사가 더 많은 가치를 창출하고 있다는 의미는 아니다. ROIC가 밸류에이션에 미치는 영향은 선형적이지 않다.

기업이 5% 성장할 때 운영ROIC가 10%에서 20%로 급증하는 것은 놀라운 일이다.

회사가 신규 투자에서 동일한 이익을 얻고 ROIC가 10%라고 가정하면, 이런 성장을 지속하려면 이익의 50%를 재투자해야 한다(재투자 비율은 성장률을 ROIC로 나눈 값이므로, 이 경우 5%/10% = 50%). 나머지 50%는 잉여현금흐름이며, 기업에 부채가 없는 경우 주주에게 배분할 수 있다.

ROIC가 20%로 개선된 경우, 동일한 성장을 달성하는 데 25%의 이익만 필요하다(5%/20% = 25%). 그러면 회사는 이익의 50%가 아닌 75%를 주주에게 나눠줄 수 있다.

즉, ROIC가 10%에서 20%로 2배가 되면, 활용 가능한 잉여현금흐름은 50%에서 75%로 0.5배 더 많아진다. 이는 인상적인 수치다!

이미 하늘 높은 줄 모르고 치솟았던 ROIC를 50%에서 100%로 2배로 끌어올린 다른 회사를 상정해 보자. 물론 이것은 좋은 가정이지만, 앞의 상황보다는 밸류에이션과 관련이 적다.

ROIC가 50%인 경우 5%의 성장은 이익의 10%만 재투자하면 된다(5%/50% = 10%). 나머지 90%의 이익은 분배할 수 있다. ROIC가 100%로 2배가 되었다면 성장에 5%의 이익만 필요하다(5%/100% = 5%). 그러면 무려 95%를 분배할 수 있다.

즉, ROIC가 50%에서 100%로 2배가 되면, 잉여현금흐름은 90%에서 95%로 겨우 0.056배 더 많아질 뿐이다.

잉여현금흐름의 증가 폭을 놓고 보면, ROIC를 10%에서 20%로 2배로 늘리는 효과(0.5배)가 ROIC를 50%에서 100%로 2배로 늘리는 효과(0.056배)보다 훨씬 더 놀랍다. 전자의 경우가 주식의 적정PER에 훨씬 더 큰 영향을 미친다.

따라서 가치 창출의 맥락에서 '성장'과 'ROIC' 사이의 균형을 찾는 것은 기업에게 매우 중요하다.

ROIC가 50%인 기업은 이미 우수한 ROIC를 더 개선하는 것보다 성장에 집중하는 것이 더 낫다. 예외적인 경우 성장엔진에 연료를 공급하기 위해 ROIC의 일부를 희생하는 것도 허용된다. ROIC를 더 높이는 것보다 이익 성장을 높이는 것이 더 많은 가치를 창출할 수 있다. 하지만 장기적인 성장을 지속하는 것이 훨씬 더 어렵다는 점은 분명히 인식해야 한다.

반면에 ROIC가 낮은 기업의 경우에는 성장보다 가치 창출을 위해 ROIC를 높이는 것이 더 매력적이다.

'1센트'와 '100만 달러' 중 어느 것을 고르겠는가?

높은 ROIC와 함께 높은 성장이 중요한 이유는, 앞서 복리 효과를 통해 설명한 것처럼 기하급수적인 성장의 엄청난 힘으로 설명할 수 있다.

장기간에 걸친 높은 성장과 높은 ROIC의 조합은

매우 가치 있는 일이다.

투자자로서 어떤 경우에는

높은 배수를 지불하고도 좋은 수익을 달성할 수 있다.

기하급수적 성장이란, 시간이 지남에 따라 양이 일정한 비율로 계속 증가하는 성장 유형이다. 즉, 단위 시간당 동일한 비율로 지속적으로 증가하는 모든 수량은, 초기에는 천천히 증가하지만 시간이 지남에 따라 급격히 증가한다.

예를 들어 설명해 보자. 오늘 여러분에게 일생일대의 기회가 생긴다고 가정해 보자. 2가지 선택지를 주고 10초 안에 가장 수익성이 높은 방법을 선택하면, 선택한 그 돈을 받을 수 있다.

첫 번째 선택지는 일시금으로 100만 달러를 받는 것이다. 그리고 두 번째 선택지는 30일 동안 매일 2배씩 증가하는 1센트를 받는 것이다. 이 둘 중 어느 것을 선택하겠는가?

대부분의 사람들은 '일시금 100만 달러'를 선택한다. 두 번째 선택지가 100만 달러 이상을 벌 가능성이 낮다고 보기 때문이다. 하지만 '매일 2배로 불어나는 1센트'가 더 나은 선택이다! 매일 1센트가 2배로 불어나면 30일이 될 때쯤이면 1,000만 달러가 넘는 금액으로 불어나 있게 된다.

이 예는 기하급수적인 성장의 마법을 보여준다. 그리고 이 대목에서 나는 높은 성장과 높은 ROIC가 매우 강력한 조합이라는 점을 다시 한 번 강조하고 싶다.

기하급수적인 성장은 매우 놀랍고 흥미로운 예가 많다. 롤프 도벨리의 책 『스마트한 생각들』에서 인용할 수 있는 또 다른 예시가 있다. 종이 한 장을 집어서 반으로 접어보라. 그리고 그것을 다시 또 반으로 접어보라. 그렇게 접고 또 접어 50번까지 접을 수 있다면(현실적으로 그것은 불가능하다. 종이를 8번 정도까지는 접을 수 있다는 글을 어디서 읽은 기억이 난다. 나는 개인적으로 6번을 넘기지 못했다), 어떻게 될까? 만약 그게 가능하다면, 과연 얼마나 두꺼워질까?

0.1밀리미터의 종이를 50번 접으면, 그 두께가 거의 1억 킬로미터에 달한다는 계산이 나온다. 지구에서 태양까지의 거리가 1억 5,000만 킬로미터 정도이니까, 기하급수적인 성장이 만들어내는 마법이 가히 어느 정도인지 가늠이 될 것이다.

물론 1센트짜리 동전과 종이 한 장의 기하급수적인 성장이 기업에서 흔히 접할 수 있는 일은 아니다. 그렇다면 좀 더 현실적인 예를 들어보자. 높은 ROIC가 어떤 영향을 미칠 수 있는지 알 수 있을 것이다.

두 회사를 떠올려 보자. A 회사는 20년간 8%의 ROIC로 모든 이익을 재투자한다. B 회사는 20년 동안 25%라는 우수한 ROIC로 모든 이익을 재투자한다. 그리고 이 두 회사에 각각 1만 달러를 맡긴 투자자가 있다면 20년 후 어떻게 됐을까?

A 회사에서는 5만 달러를 건진 반면 B 회사에서는 90만 달러 정도를 되돌려 받을 수 있다. 무려 18배다!

이런 예는 실제로 일어나기도 한다. 하지만 초기 단계에서는 좋은 가격에 이런 '보석'을 찾기란 쉽지 않다. 이미 폭발적인 성장기를 거친 기업에 집중하는 순수 퀄리티 투자자에게는 거의 불가능에 가깝다. 그러나 퀄리티 투자자에게 '높은 ROIC'와 '적당한 성장'이 결합된 기업은 '현금인출기'이기 때문에 아주 매력적이다. 내부적으로 성장 자금을 조달하고, 배당금을 지급하고, 다른 회사를 인수하고, 자사주 매입 프로그램을 실행하는 동시에 성장세를 이어갈 수 있기 때문이다.

듀퐁분석의 이점

앞에서 ROIC는 '이익률'과 '자본회전율'이라는 2가지 요소에 의해 결정된다고 언급했다. 이 2가지 중 어느 것이 주로 ROIC 비율에 영향을 미치는지 확인하려면 듀퐁분석DuPont Analysis을 사용해 비율을 세분화하는 것이 유용할 수 있다.

이를 통해 ROIC 비율을 높이는 요인을 정확히 파악하고, 경쟁우위를 확보할 수 있는 분야와 회사가 가격결정권을 가지고 있는지 여부를 더 잘 이해할 수 있다.

듀퐁분석 :

$$ROIC = NOPAT / 투하자본$$

$$= (NOPAT / 매출) \times (매출 / 투하자본)$$

$$= NOPAT이익률 \times 자본회전율$$

NOPAT를 투하자본으로 나눈 값은 NOPAT이익률에 자본회전율을 곱한 값과 같은 결과를 낳는다. 따라서 이 비율의 원동력이 무엇인지 알 수 있다. 즉, 듀퐁분석을 사용하면 어떤 구성 요소가 비율을 주도하는지 확인할 수 있다.

어떤 경우에는 자본회전율이 높은 ROIC에 가장 큰 기여를 한다. 이는 생산 이점을 나타내는 경우가 많기 때문이다. 하지만 이 경우 뛰어난 기업에게만 주어지는 가격결정력이 존재하지 않는다. 이것이 내가 높은 ROIC의 토대가 되는 높은 이익률을 선호하는 이유 중 하나다.

또 높은 이익률에는 몇 가지 추가적인 이점이 있으며, 내 생각에는 이 비율에 퀄리티가 한 층 더 높아진다.

첫째, 이익률이 높을 경우 동일한 결과를 얻기 위해 더 적은 제품을 판매해도 된다.

둘째, 이익률이 높으면 경기 침체에도 잘 견딜 수 있다. 이익률이 4%인 회사가 갑자기 5%p 하락하는 상황에 직면하면, 이익률은 -1%를 기록하며 회사의 이익은 마이너스로 돌아설 것이다. 하지만 이익률이 15%인 회사는 5%p가 하락하더라도 이익률은 10%를 기록할 것이다. 따라서 일시적인 어려움에 맞서 보다 더 잘 견딜 수 있다. 같은 5%p 하락을 경험하더라도 여전히 높은 수익성을 유지할 수 있기 때문이다.

셋째, 이익률이 높다는 것은 그만큼 고객이 기꺼이 비용을 지불할 의사가 있는 독특한 제품이라는 것을 의미한다.

이런 이유들을 종합해볼 때, 투자자들은 이익률이 높아서 ROIC 또한 높은 기업을 찾아야 한다.

핵심 포인트

- ROIC는 기업에 대해 많은 것을 알려주는 강력한 지표다. 기업의 수익성, 요구수익률, 효율성 및 자체 자금조달에 대한 중요한 근거를 제공해 준다. 또 지속가능한 경쟁우위에 대한 단서를 제공하며, 이는 퀄리티 투자자들이 매우 중요하게 여기는 요소다.
- ROIC를 통해 회사의 기본 비즈니스의 효율성을 이해하고, 자본비용을 초과하는 이익을 창출하고 있는지 여부와 특정 성장률을 달성하기 위해 얼마나 많은 현금이 필요한지 추정한다.
- '성장'은 ROIC가 자본비용을 초과할 때만 가치를 창출한다. 하지만 퀄리티 투자자들은 더 많은 것을 기대한다.
- 좋은 출발점은 회사에 '최소 15%의 ROIC'를 요구하는 것이다. 투자한 1달러당 15센트의 이익을 창출하는 기업은 매우 우수한 성과를 거두고 있으므로 주목할 만한 가치가 있다.
- 기업의 가치는 미래 잉여현금흐름의 현재 가치에 의해 결정되므로, 기업이 성장잠재력을 발휘하는 데 필요한 현금이 얼마나 되

는지 파악하는 것이 중요하다. 성장에 필요하지 않은 현금은 분배 가능한 현금흐름이다. ROIC는 잉여현금흐름이 얼마나 창출될지에 대한 인사이트를 얻는 데 도움이 될 수 있다. 하지만 ROIC 기본공식만으로 충분하지 않은 경우도 있다.

- ROIC 기본공식의 분모에 약간의 조정을 가하면 '운영ROIC'가 된다. 이 같은 응용은 회사가 근본적으로 어떻게 이익을 창출하는지, 성장자금을 조달한 후 얼마나 많은 현금이 남는지에 대한 더 나은 아이디어를 제공한다.

- 'ROIC 기본공식'과 '운영ROIC' 중 어떤 것을 사용할지는 분석의 목표에 따라 달라진다. 경영진의 자본배분 능력을 평가하는 것부터 비즈니스의 기본 특성과 성장에 필요한 현금의 양을 평가하는 것까지 다양하다. 2가지 버전은 서로 다른 결과를 안겨준다.

- 높은 ROIC는 바람직하지만, 특정 시점이 지나면 더 이상 ROIC를 높이는 것은 가치 창출에 있어 중요성이 떨어진다. 이미 ROIC가 매우 높은 기업은 성장에 더 집중해야 한다. 반면, 성장세는 괜찮지만 ROIC가 낮은 기업은 성장보다 가치 창출을 위해 ROIC를 개선하는 것이 더 매력적이다.

- '성장'과 'ROIC' 사이의 균형을 찾는 것이 중요하다. 장기적으로 높은 성장을 유지하는 것은 높은 ROIC를 유지하는 것보다 훨씬 더 어렵다.

- 높은 성장률과 높은 ROIC를 가진 기업은 주식시장에서 가치를 높게 인정받아 비싼 밸류에이션으로 거래된다.

- 듀퐁분석을 통해 ROIC를 세분화하면 귀중한 인사이트를 얻을

수 있다. 이 기법을 사용하면 어떤 구성 요소가 ROIC 비율을 주도하는지 확인할 수 있다. 개인적으로 나는 높은 이익률을 가진 ROIC를 선호한다.

4. 재무상태표는 건전한가?

부채에 신중하라

회사는 주식을 발행하거나 채무를 부담하는, 이 2가지 방법으로 외부에서 자금을 조달할 수 있다.

따라서 회사에는 두 부류의 이해관계자가 존재한다. 자기자본은 주주가 제공하는 것이다. 그리고 타인자본, 즉 부채는 채권자가 제공한다. 채권자는 약속된 시점에 부채가 상환되기를 기대하며, 위험을 감수하는 대가로 소정의 이자지급을 요구한다.

부채는 종종 부정적인 의미를 갖는다. 이상적인 기업은 부채가 거의 없거나 전혀 없어야 한다. 하지만 신중하게 돈을 빌리면, 다른 방법으로는 얻을 수 없는 기회를 놓치지 않고 거머쥘 수도 있다.

개인의 상황과 비교해 보자. 사람들은 '내 집 마련'을 위해 앞다퉈 주택시장에 뛰어들지만, 대부분은 주머니사정이 그리 넉넉하지 못하다. 집을 구입할 만큼 모아둔 돈이 없는 이들에게는 주택담보대출 mortgage이 나름 해결책이 될 수 있다. 이렇게 하면 전액을 선불로 지불하지 않고도 주택을 구입할 수 있다. 차입 금액과 이자는 장기간에 걸쳐 은행에 상환한다. 신중하게 고려해서 접근한다면, 이런 대출에는 문제가 없다. 주택은 기본적으로 가치가 있는 유형자산이다.

자신의 발전과 지식 습득을 위해 학자금대출을 받는 경우 역시 마찬가지다. 집안 형편이 어려운 학생에게 학비 조달이란 쉽지 않은 일이다. 이런 상황에서 학자금대출과 같은 제도는 크게 도움이 된다. 이후 원하는 학위를 취득하고 나면, 취업전선에서도 유리한 게 사실이다. 또 좋은 일자리가 생기면, 대출을 갚는 데도 도움이 된다. 학위와 습득한 지식은 영구적이며, 경력 전반에 걸쳐 자신을 계발하는 토대가 된다. 그러니까 학자금대출은 미래를 위해 미리 투자하는 것과 같은 셈이다. 성장과 발전을 위해 투자하는 것이므로 제대로만 한다면, 좋은 결과를 기대할 수 있다.

기업도 마찬가지다. 추가 성장에 필요한 자금이 부족할 경우 부채로 조달할 수 있다. 그리고 부채는 효율성 측면에서도 이점을 제공한다. 부채는 자기자본보다 저렴한 형태의 자금조달 수단이며, 이자비용은 일반적으로 절세 효과가 있다. 기업은 부채를 활용해 자본구조를 최적화하기도 한다.

'기업의 내구성'을 나타내는 지표

빌린 돈을 사용하면 기회를 얻을 수 있으며, 많은 기업에서 어떤 식으로든 이를 활용하고 있다. 하지만 항상 주의해야 한다. 무분별하게 관리하면 부채는 금방 자신에게 불리하게 작용할 수 있기 때문이다. 이는 기업과 개인 모두에게 적용된다.

'자기 집' 하나 갖겠다는 일념 하에 무분별하게 대출을 받는다면 나중에 큰 어려움에 봉착할 수 있다. 대출은 어디까지나 자신의 상환능력에 맞게 진행해야 한다. 예기치 못한 상황까지 고려하고 있어야 한다. 혹여나 대출금을 갚지 못하는 상황이 발생하면, 은행은 담보로 잡은 주택을 매각해버릴 것이다.

기업도 마찬가지다. 어려운 시기에 문제가 발생해 이자 지급이나 원금 상환을 감당할 수 없게 될 수 있다. 과도한 부채는 파산의 근본 원인이다. 재무상태표가 건강한 회사는 어려움에 직면했을 때 파산할 가능성이 적다. 따라서 부채로 자금을 조달할 때는 항상 상환의무를 이행할 수 있는지 신중하게 검토하는 것이 중요하다.

차입금은 호황기에는 이익을 증대시킬 수 있지만

경기 침체기에는 부담이 되기도 한다.

부채에 시달리던 기업이 결국 치명적인 결과에 직면한 사례는 무수히 많다.

2020년의 코로나19 팬데믹이나 2008년의 금융위기와 같은 블랙스완black swan[8]이 가끔 등장한다. 문제는 이런 파괴적인 위기가 다시 발생할지 여부가 아니다. 언제, 어떤 형태로 발생할지가 진짜 문제다. 결국 위기가 발생하면 대개 부채가 많은 기업이 가장 먼저 어려움을 겪게 되기 때문이다.

---

8 '블랙스완'은 나심 니콜라스 탈레브가 쓴 동명의 책을 통해 널리 알려진 경제용어다. 엄청난 영향을 미칠 수 있는 예상치 못한 예외적인 사건을 의미한다. 이런 사건은, 지나고 보면 쉽게 설명할 수 있지만 그 누구도 미리 예측할 수는 없다.

> 탄탄한 재무상태표는 바람직한 것이며,
>
> 기업의 내구성을 나타내는 지표와 같다.
>
> 좋은 내구성은 기업이 힘든 시기를 극복할 수 있게 해준다.

부채가 없거나 적은 기업은 어려운 시기를 만나면, 그때 가서 부채를 활용할 수 있다. 반면에 부채가 많은 기업은 다르다. 생존이 달린 문제이지만, 다시 돈을 빌리는 데는 어려움이 따른다. 이미 부채가 너무 많기 때문이다.

따라서 투자자는 기업이 얼마나 많은 부채를 안고 있는지, 그리고 그 부채가 관리 가능한 수준인지 꼼꼼히 살펴봐야 한다. 그리고 이를 위한 다양한 방법이 있으며, 회사의 재무보고서는 이런 평가에 필수적이다.

부채비율

재무상태표를 활용하면 기업의 부채에 대한 유용한 정보를 제공하는 다양한 비율을 계산할 수 있다. 그중 하나가 '부채비율'이다. 이 비율은 자기자본 대비 부채의 수준을 나타내며, 다음과 같이 계산된다.

$$부채비율 = (부채 / 자기자본) \times 100$$

'부채'는 은행 대출, 채권, 리스부채 등 단기 및 장기 이자를 부담하는 모든 경우를 다 포함한다. 부채비율이 100%를 넘는다는 것은 회사가 자기자본보다 부채가 더 많다는 것을 의미하며, 대부분의 경우 이는 바람직하지 않다. 물론 기업마다 상황이 다르다. 어떤 기업은 다른 기업보다 더 많은 부채를 감당할 수 있다.

부채비율 공식에서 '부채'를 '순부채'로 대체할 수 있다. 순부채를 얻으려면 부채에서 현금및현금성자산을 빼면 된다. 그러나 현금은 빠르게 소비될 수 있으므로, 공식에 순부채를 사용하면 기업의 부채비율을 덜 보수적으로 나타낼 수 있다.

잉여현금흐름 대비 부채 비율

부채 금액을 결정하는 문제 외에도 부채의 관리 가능성을 평가하는 문제도 중요하다.

경영진이 현재의 현금흐름으로 빌린 돈을 모두 상환하기로 결정했다고 가정해보자. 그렇다면 이를 위해서는 지금부터 몇 년의 시간이 필요할까? 이를 계산하려면 부채와 기업의 실적을 비교하면 된다. 널리 사용되는 방법은 EBITDA 대비 (순)부채 비율이다.

EBITDA는 이자, 세금, 감가상각비 차감 전 영업이익을 의미한다. 간단히 말해, 피할 수 없는 여러 가지 비용을 차감하기 전의 수익을 나타낸다. 이 수치가 기업이 부채를 상환하는 데 사용할 수 있는 현금이라는 것이다.

분석가들은 나름의 이유가 있어서 여기서 EBITDA를 사용하겠지만, 나는 생각이 다르다. 일단 나는 EBITDA를 좋아하지 않는다. 실제로 사용하는 비용을 완전히 무시하기 때문이다. 가령 감가상각은 기업에서 현금이 빠져나가지 않는 비용이기 때문에 오히려 이익에 다시 더해진다. 또 기업의 일상적인 운영을 보장하는 데 필요한 운전자본은 언급조차 하지 않는다.

그런데 생각해보라. 세금은 납부해야 하는 것이다. 이자 역시 지급해야 하는 것이다. 그리고 앞에서도 살펴보았듯이 대부분의 업종에서 감가상각비는 기업의 자산을 양호한 상태로 유지하기 위해 재투자해야 하는 금액(유지보수 자본적지출)을 나타내는 지표다. 기업이 경쟁력을 유지하려면 이런 투자는 반드시 필요하다. 워런 버핏 역시 EBITDA와 관련해 다음과 같이 지적하기도 했다.

경영진은 자본적지출을
요정tooth fairy이 대신 부담해 준다고 생각하는 걸까?

- 워런 버핏

이런 실제 비용들을 무시함으로써, 부채를 해결할 수 있는 자원에 대해 왜곡된 그림을 얻고 있는 셈이다. 그래서 EBITDA는 내가 활용할 분석도구에는 포함되지 않는 것이다.

EBITDA를 '잉여현금흐름(FCFE주주잉여현금흐름)'으로 대체하면, 부채 현황을 보다 명확하고 현실적으로 파악할 수 있다. 잉여현금흐름은 모든 비용과 의무가 이행되고 필요한 투자가 이루어진 후 회사에서 매년 인출할 수 있는 현금이다. 즉, 기업의 정상적인 운영과 성장잠재력에 영향을 주지 않으면서 채권자와 정부에 지불한 후 사용할 수 있는 모든 현금을 말한다. 경영진은 잉여현금흐름을 사용해 배당금을 지급하거나, 자사주를 매입하거나, 인수하거나, 부채를 상환하는 데 사용할 수 있다.

이런 이유로 나는 부채의 지속가능성을 평가할 때 EBITDA보다 잉여현금흐름을 선호한다. 잉여현금흐름 대비 부채 비율은 현재 잉여현금흐름으로 모든 부채(순부채를 사용하는 경우 현금으로 감소)를 상환하는 데 몇 년이 걸리는지 알려준다.

잉여현금흐름 대비 부채 비율 = 부채/잉여현금흐름

잉여현금흐름 대비 부채 비율은 기업과 업종에 따라 다를 수 있기 때문에 좋은 부채비율에 대한 정확한 규칙은 없다. 하지만 예측가능한 수익을 내는 퀄리티 기업의 경우 0~5가 건전하고 관리 가능한 비율이라고 볼 수 있다. 대규모 투자로 인한 일회성 급등은 문제가 되지 않을 수 있지만 5를 넘으면 위험 영역에 속하며, 9를 넘으면 허용할 수 없는 수준이라고 생각한다.

결과가 선형적이지 않은 주기적인 비즈니스에서는 비율이 눈 깜짝할 사이에 급격하게 변할 수 있다. 당장에는 건전해 보였던 비율이 다음해에는 우려할 만한 수준으로 급등할 수 있다. 따라서 추정이 어렵다.

다행히도 퀄리티 투자자는 매우 경기순환적인 주식은 피한다.

많은 부채를 가진 기업보다 더 위험한 것이 있다면,

많은 부채를 가진 경기순환적인 기업이기 때문이다.

유동성

또 다른 중요한 지표는 유동성이다. 유동성은 기업이 단기 의무를 얼마나 잘 이행할 수 있는지를 알려준다. 유동성을 평가하는 가장 일반적인 방법은 다음과 같이 계산되는 유동비율을 사용하는 것이다.

유동비율 = 유동자산/유동부채

유동비율이 1 이상이면 기업이 유동자산으로 단기 의무를 이행할 수 있음을 나타낸다. 그러나 유동비율만으로는 회사의 재무 상황을 명확하게 파악할 수 없다.

유동비율이 낮으면 유동성 문제를 나타낼 수도 있지만, 이는 회사가 운전자본을 훌륭하게 관리하고 고객이나 공급업체에 대한 상당한 영향력을 가지고 있음을 의미한다. 반면에 유동비율이 높다는 것은 유동성 측면에서 안전하다는 것을 의미할 수도 있지만, 유동자산 활용에 비효율적이라는 것을 의미할 수도 있다.

여기에서도 해석이 중요한 역할을 한다는 것을 다시 한 번 알 수 있다. 일반적으로는 비율이 1과 2 사이를 나타낼 때 건전한 것으로 본다.

특히 재고를 많이 보유하고 있는 회사에서 좀 더 보수적으로 관리하고 싶다면, 당좌비율을 사용할 수 있다. 당좌비율은 재고를 고려하지 않는데, 실제로 재고는 장부에 기재된 것보다 가치가 낮은 경우가 많기 때문이다. 당좌비율을 계산하려면 유동비율의 방법을 따르되 재고를 유동자산에서 제외한다.

당좌비율 = (유동자산 - 재고자산)/유동부채

이자보상비율

마지막으로 언급할 비율은 이자보상비율이다. 이 비율은 회사가 연간 이자를 얼마나 잘 지불할 수 있는지를 나타낸다.

이를 계산할 때는 이자 지급을 충당할 수 있는 수익이 얼마나 되는지 파악하기 위해 영업이익을 사용한다. 순이익에는 이미 이자 지급이 포함되어 있기 때문에 여기서 오해의 소지가 있다.

이자보상비율은 다음과 같이 계산된다.

이자보상비율 = (영업이익 + 이자수익)/이자비용

기업과 업종에 따라 다르지만, 퀄리티 투자자로서 나는 5를 하한선으로 생각한다. 보통의 경우에는 영업이익이 예기치 않게 절반으로 줄어든다고 해도 이 비율이 2.5가 되면 회사는 여전히 의무를 이행할 수 있다. 이 비율이 1 이하로 떨어지면 회사는 영업이익으로 이자 지급을 감당할 수 없게 된다.

핵심 포인트

- 부채에 신중하라. 그러면 투자자나 기업, 개인 모두에게 최소한 해가 되지는 않는다.
- 성장 기회가 있지만 당장 필요한 자본을 마련할 수 없는 회사가 있다면, 이 경우 자금 차입을 선택할 수 있다. 부채는 재무상태표를 효율적으로 관리하는 데도 유용할 수 있다.
- 기업의 부채 현황을 철저히 분석하는 것은 성공투자를 위한 필수 요소다. 채권자들은 어려운 시기에도 적시에 상환을 기대하기 때문에 부채가 너무 많으면 기업과 주주 모두에게 해로울 수 있다.
- 부채를 평가하는 방법에는 여러 가지가 있으며 분석가마다 접근 방식이 다를 수 있다. 여기서 살펴본 몇 가지 비율은 기업의 재무 건전성을 평가하는 데 도움이 될 것이다.
- 여기서 살펴본 비율 등이 양호한 경우, 회사는 어려운 시기나 경기침체기에 더 탄력적으로 대처할 수 있다. 하지만 이런 비율이 비정상적인 모습을 보인다면 그 원인을 면밀히 조사하는 것이 중요하다.
- 때로는 그럴듯한 설명이 있고 모든 것이 정상일 수도 있지만, 기업에 문제가 있을 수도 있다. 의심스러운 경우 해당 주식은 피해

야 한다. 그래야 부채 부담으로 인한 잠재적인 골칫거리는 피할
수 있다. 비록 유망한 '성장스토리'를 놓치더라도 말이다.

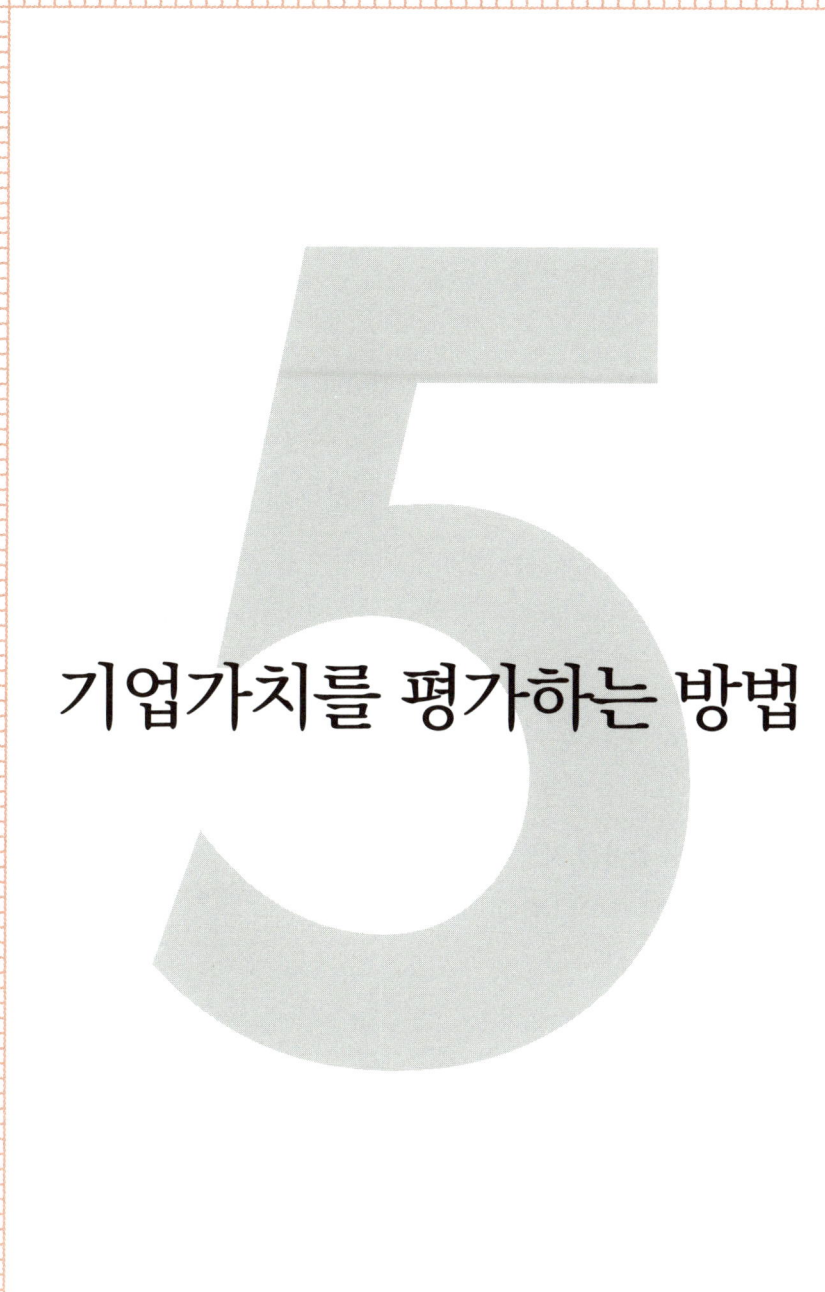

기업가치를 평가하는 방법

가치평가를 뒤에 하는 이유

지금까지 살펴본 기준을 통해 이제 뛰어난 기업을 식별할 수 있는 도구를 갖추게 되었다. 그러나 세계 최고의 기업도 비싸게 산다면 좋은 투자가 될 수 없다. 따라서 아직 거쳐야 할 과정이 더 남아 있다.

성공적인 투자를 위해서는 '퀄리티'와 '가치'를 분리할 수 없다. 그래서 퀄리티에 초점을 맞추는 것 외에도 기업의 가치평가를 함께 고려해야 한다.

이번 장에서 설명하는 내용은 대부분의 투자지침서에서 첫머리에 위치할 가능성이 크다. 일반적인 경우에는 주식을 소유할지를 결정하기 전에 먼저 얼마를 지불할 것인지부터 살펴본다.

하지만 퀄리티 투자는 이와는 다르게 접근한다.

가치평가를 마지막에 논의하는 이유는
'퀄리티'를 먼저 확인해야 하기 때문이다.
퀄리티 조건들을 통과한 다음에야
얼마에 주식을 살지 지불의사가 생긴다.

'저렴하다'와 '비싸다'는 상대적인 것이다

바로 본론으로 들어가자. 인생에서 흔히 그렇듯이 퀄리티에는 대가가 따른다. 품질 좋은 제품을 원한다면 대가를 치러야 한다. 주식시장에서도 같은 규칙이 적용된다.

하지만 여기에는 약간의 미묘한 차이가 있다. 퀄리티는 때때로 다양한 요소가 종합적으로 고려되지 않은 채 꽤 비싼 것으로 취급되곤 한다. 대중은 가장 인기 있는 가치평가 지표인 PER이 20이라는 것을 보고 당황하는 경우가 있다. 기업의 근본적인 특성을 살펴보지도 않고 결론을 내리기 때문이다. 대다수의 사람들은 PER 20배는 기본적으로 비싸다고 생각한다. 다른 것은 살펴볼 것도 없이 여기서 끝이다.

반대로 PER 10배에 거래되는 종목은 종종 저렴한 것으로 분류되곤 한다. 이런 매력적인 밸류에이션은 '요즘 세상에 어디서 이렇게 싼 것을 구할 수 있을까?' 하는 생각에 의심할 여지없이 저가 매수자 bargain hunters를 끌어당긴다. 그러나 이런 논리에는 결함이 있다.

'저렴하다' 또는 '비싸다'는 매우 상대적인 용어다.
항상 그 대가로 얻는 것과 비교해 평가되어야 한다.

어떤 기업은 PER 20배로 거래되면 싸고, 어떤 기업은 PER 10배면 비싸다. 어떤 기업이 이익의 20배로 거래된다는 이유만으로 비싸

다고 평가하는 것은 '아파트 한 채에 100만 달러는 비싸다'라고 주장하는 것과 같다. 즉, 가격 그 자체만으로는 섣불리 어떤 결론을 내릴 수 없다는 것이다.

이 '100만 달러 아파트'가 낙후된 교외의 곰팡이가 핀 12층 원룸 아파트인지, 아니면 최근 뉴욕에서 가장 탐나는 동네에 지어진 대형 평수의 펜트하우스인지에 따라 다른 것이다. 낡은 원룸이라면 비싸고, 모든 현대적인 편의시설과 센트럴파크가 내려다보이는 거품욕조를 갖춘 펜트하우스라면 일생일대의 거래를 하게 될 것이 분명하다. 둘 다 아파트이지만 상황은 크게 다르다. 이처럼 가격에 대해 결론을 내리려면 추가 정보가 필요하다.

그리고 이런 논리는 기업에도 적용될 수 있다.

가치평가에 영향을 미치는 요소는 매우 많다.

PER만 보고

지금 주가가 저렴한지 또는 비싼지 결코 판단할 수 없다.

성장잠재력, 경기순환 수준, 현금흐름의 예측가능성, 지속가능한 경쟁우위의 존재 여부 등을 고려해야 한다. 이런 부분들은 모두 가치평가에 영향을 미치는 요소다.

차입금 규모도 기업가치평가에 큰 영향을 미친다. 부채가 많은 기업의 경우 투자자들은 추가적인 위험에 노출된 만큼의 프리미엄을 요구하게 되고, 따라서 자본비용은 증가한다. 자본비용이 증가하면 미래 잉여현금흐름의 가치가 낮아져 적정주가 배수 또한 낮아진다. 당연한 결과다. 위험을 고려한다면, 배수가 낮아진다고 해서 주식이 더 싸다는 의미가 아니다.

'높은 ROIC'라는 잣대

레버리지는 앞서 예에서 언급한 아파트의 '마감 수준'에 해당하는 비즈니스적 개념으로 볼 수 있다. 회사가 부담하고 있는 부채가 적을수록 마감 퀄리티가 높은 것으로 볼 수 있다.

이 비유를 좀 더 응용하면, 부동산의 입지에도 이와 비슷한 개념이 적용될 수 있다. 부동산에서는 흔히 부동산의 가치를 결정하는 것은 첫째도 입지, 둘째도 입지, 셋째도 입지라는 말한다. 그리고 다른 모든 것은 부차적인 것으로 본다.

부동산 가치에서 입지의 중요성을 강조하는 것처럼, 투자에서 강조해야 할 것으로 하나를 꼽으라면 ROIC가 될 것이다. 이 비교에서 부동산의 주요 입지는 비즈니스의 '높은 ROIC'와 동일하다. 절대적으로 좋은 위치에 있는 부동산은 높은 가격이 정당화되는 것처럼, 높은 ROIC로 동종 업계에서 두각을 나타내는 기업 역시 마찬가지다.

한 가지 예를 들어 설명해 보겠다. A 회사의 주가가 13달러이고 주당순이익이 1달러로 PER이 13이라고 가정해 보자. 이 회사는 향후 10년간 매년 10%씩 성장하고 이후에도 매년 2.5%씩 계속 성장할 것으로 예상된다. B 회사의 전망은 동일하지만 현재 주가는 15달러,

PER은 15다. 두 회사는 같은 업계에서 운영되고, 재무상태표에 부채, 현금 또는 영업권이 없으며, 자본비용이 10%이고, 시장 포지션이 비슷하다.

이런 세부정보를 바탕으로 대다수의 사람들은 A 회사가 더 저렴하다고 결론을 내리곤 한다. 하지만 정말 그럴까? 여기서 결론을 내리려면 더 많은 정보가 필요하다.

A 회사의 ROIC는 12.5%이고 B 회사의 ROIC가 50%라고 가정해 보겠다. 이제 앞에서 설명한 상황과 다르게 이야기가 전개된다. 같은 상황에서 A 회사는 B 회사에 비해 성장하기 위해 훨씬 더 많은 이익이 필요하다. A 회사는 10%의 성장률을 달성하기 위해 이익의 80%(10%/12.5% = 80%)가 필요하다. 그리고 이익의 나머지 20%는 잉여현금흐름으로 남는다.

반면, B 회사는 동일한 10% 성장을 위해서는 이익의 20%(10%/50% = 20%)가 필요하다. 나머지 80%는 경영진이 원하는 대로 배분할 수 있는 잉여현금흐름이다. B 회사는 자본을 훨씬 더 효율적으로 배치해 이익의 상당 부분에 해당하는 80%를 잉여현금흐름으로 남긴 것이다. B 회사는 동일한 성장률로 훨씬 더 많은 현금을 창출한 것이다.

따라서 두 회사의 이익은 동일할 수 있지만 현금흐름은 그렇지 않으므로, PER을 기준으로 B 회사가 A 회사에 비해 프리미엄을 받고 거래되는 것은 지극히 합리적이다. 그리고 기업의 가치는 미래 이익이 아닌 미래 잉여현금흐름을 기반으로 한다.

이 구체적인 사례에서는 PER 15배에 거래되는 B 회사가 실제로는 PER 13배에 거래되는 A 회사보다 저렴하다. 이는 PER이 오해의 소지가 있을 수 있음을 보여주는 대목이다.

'배수'를 사용한 상대가치평가

PER에만 집중하는 투자자들은 PER 13배인 '저렴한 주식'이 P/FCF^{Price to Free Cash Flow, 주가잉여현금흐름배수} 65배에 거래되고 있다는 사실을 간과하곤 한다. A 회사의 이익은 대부분 성장에 필요하기 때문에 잉여현금흐름이 거의 남지 않는다.

반면, PER 15배로 더 효율적인 B 회사는 P/FCF 19배에 거래되고 있다. B 회사는 이익의 상당 부분인 80%를 잉여현금흐름으로 보유하고 있다. 이익 1달러당 80센트가 현금으로 남아 있는 것이다.

기업은 미래에 창출할 현금(이익이 아니다!)을
현재 가치로 할인한 만큼만 가치가 있다.

배수는 상대적 가치평가에 사용할 수 있으며, 유사 기업 또는 회사의 과거 가치와 가격을 비교할 수 있다. 투자자에 따라서는 분모에 주당순이익(P/E에서의 'E') 대신 주당잉여현금흐름(P/FCF에서의 'FCF')을 사용하는 것을 더 선호한다.

그러나 성장하는 퀄리티 기업의 경우 이익의 상당 부분이 재투자되어 잉여현금흐름이 거의 남지 않기 때문에 P/FCF는 이상적이지 않을 수 있다. 이런 기업에 이 배수를 사용하면 해당 기업이 비싸다고 잘못 평가할 수 있다. 그래서 일부 투자자들은 잉여현금흐름을 계산할 때 '성장 자본적지출'과 '유지보수 자본적지출'을 구분하여 이런 왜곡을 방지하려고 노력한다.

자본구조의 잠재적 차이에 따라 배수를 조정할 수도 있다. 분자에 주가 대신 기업가치enterprise value, EV를 사용하고, 분모에는 일관성을 유지하기 위해 기업의 모든 이해관계자가 사용할 수 있는 잉여현금흐름FCFF, 기업잉여현금흐름을 사용한다. 그러면 배수는 'EV/FCFF'가 된다. 이렇게 하면 부채의 영향이 고려되고 조정되어 보다 공평한 경쟁이 이루어진다.

배수를 정할 때 과거 또는 미래의 이익 그리고 잉여현금흐름 중 어느 쪽을 더 선호할 것인가? 나는 작년 또는 지난 4분기와 같은 과거 실적보다 기대수익 또는 잉여현금흐름을 사용하는 것을 더 선호한다. 이 접근방식은 기업의 가치는 미래 잉여현금흐름의 현재 가치와 같다는 가치평가의 기본 원칙에 부합한다.

'수익률'을 사용한 상대가치평가

상대가치평가를 수행하는 또 다른 방법은 달성하고자 하는 기대수익률을 기준으로 하는 것이다. 이는 배수의 분자와 분모를 뒤집는 방식으로 수행된다.

P/FCF의 경우, 주가를 주당잉여현금흐름으로 나누는 대신(원하는 대로 성장 자본적지출을 조정했는지 여부에 따라) 주당잉여현금흐름을 주

가로 나눈다. 백분율로 표시된 결과가 잉여현금흐름 수익률Free Cash Flow Yield을 나타낸다. 이 접근방식은 무위험으로 간주되는 미국 또는 독일 국채의 현재 수익률과 비교할 수 있다는 장점이 있다. 그러면 기업의 가치를 평가할 수 있는 즉각적인 기준점이 생긴다.

다시 말해 잉여현금흐름 수익률이 국채 수익률보다 높은 경우, 특히 잉여현금흐름이 증가하고 있을 때 가치를 창출하고 있다고 가정할 수 있다. 이런 경우 수익률은 매년 증가한다. 반면에 잉여현금흐름 수익률이 국채 수익률보다 낮은 경우, 추가 위험에 대한 보상을 받지 못한다(부채가 많은 정부가 오늘날에도 여전히 위험이 없는 것으로 간주된다고 가정하면, 또 다른 논의가 필요하다).

요컨대 배수와 수익률은 기업의 상대적 가치를 결정하고 유사한 기업을 비교하는 도구로 사용될 수 있다. 그러나 여기서 '유사하다'는 것은 성장전망, ROIC, 위험수준이 동일해야 비교가 의미 있다는 뜻인데, 그런 경우는 거의 없다.

배수는 기업을 과거 가치와 비교하는 데 유용하다(물론 전망이 유사하게 유지되는 경우에만 해당한다). 이는 편리한 도구이며, 내재가치평가라는 보다 광범위한 가치평가로 가는 지름길 역할을 할 수 있다.

내재가치 평가하는 방법

배수와 수익률에 기반한 가치평가 외에도 내재가치평가라는 또 다른 방법이 있다. 배수나 수익률과 달리 내재가치평가는 다른 것과 비교하지 않는다. 즉 상대적이지 않다.

내재가치평가는 기업의 가치가 미래에 벌어들일 잉여현금흐름과 같다는 논리를 기반으로 하며, 이를 현재의 가치로 다시 할인한다. 미래의 현금흐름이 할인되는 이유는 현재 사용 가능한 현금흐름이 미래의 현금흐름보다 더 가치가 있기 때문이다.

여기에는 여러 가지 이유가 있다. 예를 들어 사람들은 내일보다는 오늘 소비하는 것을 선호하고, 인플레이션으로 인해 구매력은 감소하며, 오늘 사용 가능한 현금을 투자해 수익을 창출할 수 있기 때문이다. 또 미래 현금흐름이 예상대로 실현되지 않을 가능성과 관련된 리스크가 있다. 투자자는 당연히 이런 위험에 대한 보상을 받기를 원한다. 위험프리미엄은 할인율에 반영이 된다.

미래 가치를 결정하는 데 가장 널리 사용되는 방법은 현금흐름할인법Discounted Cash Flow, DCF이다. 향후 몇 년 동안의 잉여현금흐름을 정확하게 예측하고, 잔여기간의 성장률을 결정한 다음 적절한 할인율을 적용하기만 하면 된다. 간단하다. 하지만 이는 거의 불가능한 작업이다. 이 방법의 아킬레스건인 수많은 가정을 전제해야 한다는 점이 바로 드러난다(많은 사람들이 깨닫지 못하는 것은 배수를 사용할 때 암묵적으로 정확히 동일한 가정에 의존하지만 그 가정을 정확히 파악할 수 없다는 것이다).

특정 분야에 대한 광범위한 전문 지식을 갖춘 애널리스트가 다음 분기 실적을 정확하게 예측하는 경우는 거의 없다. 그렇다면 향후 10년간의 잉여현금흐름을 정확하게 예측할 수 있다고 생각해야 할 이유도 없다. 또 작은 변화에 매우 민감한 할인율을 결정해야 한다. 할인율은 약간만 달라져도 DCF 계산 결과에 상당한 영향을 미친다. 그래서 현실에서는 DCF모델을 사용한 결과가 현재 가격에서 크게 벗어나면, 합리적인 이유가 없는데도 뭔가 잘못되었다고 생각하고 초기 입력을 변경하기도 한다.

현금흐름할인법이라는 유용한 도구

DCF모델은 장기간에 걸친 잉여현금흐름을 예측하기 어렵다는 단점이 있지만, 자산가치를 평가하는 유일하면서도 수학적으로 정확한 방법이라는 점에서 유용하다. 따라서 DCF모델은 투자자에게 유용한 도구가 될 수 있다.

DCF모델에서는 올바른 수치가 사용된다. 수익이 아니라 잉여현금흐름에 의존하기 때문에 '뛰어난 투자자가 고른 현금지급기'가 PER의 경우처럼 평범한 품질의 동종 기업에 비해 부당하게 불이익을 받지 않도록 보장한다.

DCF모델을 더 실용적으로 만드는 또 다른 방법은 할인율을 정확한 과학이 아니라 투자로 달성하고자 하는 수익률로 접근하는 것이다. 결국 가정이 정확하다면 할인율은 연간 수익률을 의미하게 된다. 순수 DCF주의자들은 개인이 요구하는 수익률을 사용한다는 이유로 이 방법을 즉시 무시할 수도 있다. 하지만 이 방법은 일반적으로 활용할만한 가치가 있다.

또 시장이 현재 기업에 기대하는 바를 파악하기 위해 '역™DCF'모델을 사용하는 것도 매우 유용할 수 있다. DCF모델을 뒤집으면 된다. 미래의 현금흐름을 예측하는 대신 현재 주가로 시작하면 된다. 여기에는 정보가 가득하다. 현재 주가에는 잉여현금흐름의 성장률과 할인율에 대한 가정이 숨어 있다. 그렇다면 주가를 기준으로 시장의 가정이 현실적인지 평가할 수 있다. 역DCF모델은 귀중한 인사이트를 제공한다.[1]

DCF모델은 유용한 도구이지만 결함이 있다. 그래서 모델의 결과에만 의존하지 말고 가능한 시나리오의 윤곽을 잡는 데 사용하는 것이 좋다. 진지한 투자자라면 DCF모델이 어떻게 작동하는지 이해하는 법을 배워야 한다. 이 과정을 충분히 자주 반복하다보면 패턴을 인식하게 되고, 배수가 어떻게 작동하는지 그리고 무엇이 실제로 가치를 결정하는지를 더 잘 이해하게 될 것이다.

결국 배수는 DCF모델과 동일한 가정에 암묵적으로 의존하지만, 그 과정은 투명하지 않다. 반면 DCF모델에서는 어떤 입력이 내재가치를 창출하는지 즉시 확인할 수 있다. 배수는 단순한 숫자에 불과하다. 이와 관련해 마이클 모부신의 말이 항상 마음에 남는다. 그는 "배수multiples를 사용할 수 있는 권리를 획득해야 한다"고 말한 적이 있다. 마찬가지다. DCF를 철저히 공부하면, 사용할 수 있는 권리를 얻을 수 있다.

---

1 DCF모델을 역으로 생각하는 모델은 마이클 모부신의 책 『예측투자(Expectations Investing)』를 참조하기 바란다—옮긴이.

미래예측의 한계

이상하게 들릴 수도 있겠지만, '모델의 결함'은 곧 주식시장의 아름다움을 뜻하는 것이기도 하다. 모든 것은 미래에 어떤 일이 어떻게 일어날지에 달려 있다. 그 누구도, 심지어 전문가도 그것을 완벽하게 예측할 수는 없다. 따라서 기회는 항상 존재한다.

투자는 때론 인식과 현실 사이의 간극을 이용하는 것이다.

- 스티븐 클래펌

주식 가격이 감정에 의해 좌우된다면, 그것은 기업의 본질적 가치에서 크게 벗어날 수 있다는 말이다. 그리고 이는 매수 기회를 제공한다.

만약 한 회사가 미래에 얼마나 많은 현금흐름을 창출할지 모든 사람이 100% 정확하게 예측하고 적절한 할인율을 적용할 수 있다면, 시장은 효율적일 것이다. 하지만 우리가 사는 세상은 그렇지 않다.

지속적으로 스스로를 재창조하는 가장 성공적인 퀄리티 기업들을 생각해 보자. 1980년대에 마이크로소프트를 위해 비현실적이거나 심지어 터무니없이 높은 성장전망을 가진 DCF모델을 구축했다고 하더라도, 오늘날 마이크로소프트가 창출하는 잉여현금흐름에는 근접하지 못했을 것이다. 이는 DCF모델이 회사가 평균 이상의 성장을 하는 초기 기간을, 종종 10년으로 가정하기 때문이다.

이 기간은 회사의 추정 가치의 일부분을 나타낼 뿐이다. 그 후 회사의 나머지 가치를 결정하기 위해 영구성장률perpetual or terminal growth rate이라고 불리는 무한 성장을 가정한다. 영구성장률은 처음 10년 동안의 성장률보다 훨씬 낮다. 이는 전체 경제성장과 일치해야 하기 때문이다. 이론적으로 영구성장률을 높게 잡으면 회사는 결국 전체 경제보다 더 커지게 되며, 이는 현실적으로 불가능하다.

할인된 성장기간과 할인된 영구가치를 합산하고 부채 및 현금을 조정하면 회사의 내재가치가 도출된다. 그런 다음 이 가치를 발행주식 수로 나누고 그 결과를 현재 주가와 비교하면, 기업이 저평가되었는지 고평가되었는지에 대한 아이디어를 얻을 수 있다. 이는 DCF모델을 간략하게 요약한 것이다.

이 접근방식은 마이크로소프트의 경우처럼 성장기간이 10년 이상 지속되는 경우도 있기 때문에 강력한 경영진과 우수한 실적을 보유한 퀄리티 시장 리더의 가치를 저평가할 수 있다.

DCF모델은 진정한 혁신적 리더들을 과소평가하는 경향이 있다.
시장의 혁신적 리더들은
'성장기간'을 지속적으로 연장하며
스스로를 재창조하는 그런 능력을 갖고 있기 때문이다.

내가 찾는 기업들은 이미 자원을 효과적으로 배치하는 능력이 입증된 경영진을 보유하고 있으며, 시장 리더의 경우 경쟁사보다 더 많은 자원을 보유하고 있는 경우가 많다. 이들은 연구를 수행하고 혁신을 추구하며 때로는 파괴적인 시도를 하기도 한다. 또 신제품이 지속적으로 개발되고, 여기에 따른 광고마케팅이 진행된다.

수많은 퀄리티 기업들이 과거 가장 낙관적인 DCF모델의 전망조차 능가하는 성과를 보여왔다. 그렇다고 모든 퀄리티 기업이 저평가되었다는 의미는 아니다. 그러나 이런 기업들이 '10년'을 넘어 지속적으로 좋은 성과를 낼 가능성은 반드시 고려해야 할 요소다.

투자지평을 먼저 생각하라

이제까지 비즈니스 가치를 평가하는 여러 가지 방법을 살펴봤다. 그리고 퀄리티 기업이 비싸 보이는 경우가 많지만, 같은 이익에서 더 많은 현금흐름이 창출되기 때문에 항상 비싸다고 판단할 것은 아니라는 것을 알게 되었다.

퀄리티 기업은 프리미엄을 받을 자격이 있다. 이 부분을 인정하자. 그리고 언젠가는 반드시 발생하게 될 '초과지불'에 대해 여전히 걱정이 된다면, 얼마나 오래 돈을 묶어둘 수 있는지부터 자문해 보라.

향후 20년 동안 보유할 계획인가? 이 경우 주식에 지불하는 프리미엄은 기업의 퀄리티보다 덜 중요하다. 단기적으로 투자자들은 일반적인 시장 분위기에 따라 주식에 가치를 부여한다. 하지만 장기적으로 주식시장은 펀더멘털 특성이 주가의 방향을 결정하는 척도가 된다.

5년 이내에 자금이 필요하다고 생각한다면, 퀄리티 투자자로서 주식에 지불하는 프리미엄에 신중을 기해야 한다. 비교적 단기적인 관점에서 볼 때, 지불하는 가격이 수익률에 큰 영향을 미치기 때문이다.

내년에 현금이 필요하다고? 그렇다면 주식시장은 적합하지 않다. 이 경우에는 예금계좌를 개설하거나 침대 밑에 현금을 숨겨두는 것이 유일한 합리적인 선택이다.

핵심 포인트

- 품질 좋은 제품을 원한다면 대가를 치러야 한다. 주식시장에서도 역시 마찬가지다. 퀄리티에는 대가가 따른다.
- 가장 많이 사용되면서도 오용되는 가치평가 지표가 PER이다. PER이 낮으면 싸고 높으면 비싸다고 흔히들 말하지만, '싸다' 또는 '비싸다'는 매우 상대적인 용어다. 항상 그 대가로 얻는 것과 비교해 평가되어야 한다. 결론을 내리기에 앞서 밸류에이션에 영향을 끼치는 다양한 요소들을 먼저 고려해야 한다.
- 가장 일반적인 평가방법은 상대적 평가와 내재적 평가로 크게 나뉜다. 상대가치평가는 '배수' 또는 '수익률'을 사용해 수행할 수 있다. 내재가치평가는 일반적으로 'DCF모델'을 사용해 수행한다.
- 배수를 사용한 상대가치평가는 다른 회사와 빠르게 비교할 수 있다. 'P/E', 'P/FCF' 그리고 'EV/FCFF' 등이 사용된다.

- 수익률에 기반한 상대가치평가는 결과를 현재 국채 수익률과 비교할 수 있다는 장점이 있다. 따라서 채권 수익률이 기준점이 된다.
- 내재가치평가는 기업의 가치가 미래에 벌어들일 잉여현금흐름과 같다는 논리를 기반으로 하며, 이를 현재의 가치로 다시 할인한다. 일반적으로 DCF모델을 사용해 수행한다. DCF모델은 단점도 있지만, 투자자가 기업의 공정가치에 도달하는 데 사용할 수 있는 최고의 도구이기도 하다.
- 밸류에이션의 중요성은 투자지평에 따라 크게 달라진다.
- 퀄리티는 프리미엄을 받을 자격이 있지만, 퀄리티 투자의 함정 중 하나인 초과지불의 위험도 있다. 하지만 장기적인 관점으로 투자하면 이런 위험을 줄일 수 있다.
- 퀄리티 주식에 지불하는 프리미엄은 장기적으로 볼 때 점점 더 중요성이 낮아진다. 하지만 5년 이내에 자금이 필요한 경우에는 가치평가요소가 수익률에 중요한 역할을 한다.

6

포트폴리오 구성 및
관리하기

최고의 기업들만을 남겨라

마지막 장이다. 지금까지 '최고의 종목을 고를 수 있는 13가지 기준'에 대해 설명했다. 이런 기준들을 종합하면 글로벌 시장을 탐색하고, 탁월한 자질을 갖춘 기업들을 선정하는데 도움이 될 것이다. 또 퀄리티 기업을 찾는 '나만의 체크리스트'를 다시 만들 수도 있을 것이다.

그리고 지금까지 해당 기업의 주식이 현재 가격에 매수하기에 매력적인지 판단하는 데 도움이 되는 몇 가지 기법도 함께 살펴봤다. 아무리 훌륭한 기업이라도 지나치게 높은 가격을 지불하면 실패할 수 있다.

1960년대 말부터 1970년대 초반에 걸친 니프티 피프티^{Nifty Fifty} 시대를 알고 있는 분들이라면 이런 생각에 동의할 것이다. 당시 투자자들은 희망에 부풀었고, 그래서 가격에 상관없이 비용을 지불했다. 하지만 그런 행복감은 1973년에 잔인하게 끝나고 말았다. 열광했던 기업에 이익의 70배, 80배, 심지어 100배까지 지불했던 투자자들은 큰 혼란에 빠졌고, 어떤 경우에는 영구적인 자본손실을 입기도 했다.

요컨대 가치평가와 관련해 퀄리티 기업은 시장에서 저평가 받고 있는 기업에 비해 프리미엄이 더해 거래될 자격이 있다. 그리고 이런 프리미엄은 수리적으로도 정당화될 수 있다. 하지만 여전히 많은 투자자들이 이런 경우에 높은 밸류에이션은 극복해야 할 심리적 장벽으로 작용하기도 한다. 벤저민 그레이엄이나 젊은 시절의 워런 버핏을 추종하며 성장한 이들은 특히 더 그렇다.

퀄리티 투자는, 바구니에 최고의 기업들만 남을 수 있도록 선별하는 것을 의미한다. 5년에서 10년 동안 강력한, 가급적이면 자생적 매출 성장 실적을 보유할 기업을 선별하는 과정이다. 그리고 지속적인 영업이익률 개선으로 이익이 매출보다 더 빠르게 성장하는 것이 이상적이다. 또 이익의 대부분을 잉여현금흐름으로 전환해야 한다. 현금은 회계상 이익의 일부로서 발생하는 것이라기보다는 비즈니스 자체에서 매년 창출할 수 있어야 하는 것이다.[1]

또한 이런 기업은 높고 안정적인 수익률에 힘입어 투하자본으로 높은 이익을 창출한다. 따라서 퀄리티 조건을 갖춘 기업은 성장을 하면서도 주주에게 배당을 제공하고, 건전한 재무상태표도 유지할 수 있다. 건전한 재무상태표는 퀄리티 투자자가 살펴봐야 할 최종적인 정량적 요건이기도 하다.

이와 같은 특성을 가진 기업은 더 자세히 살펴볼 필요가 있다. 이는 정성적 기준을 통해 이루어진다.

철저한 분석에 들어가기 전에 비즈니스 모델부터 이해해야 한다. 그런 다음 성장잠재력, 경쟁우위의 지속가능성, 가격결정력의 정도

---

1 매년 기업에서 창출되는 실질적인 가치는 회계상 이익이 아닌 현금흐름에서 비롯된다는 점을 강조한 것이다—옮긴이.

를 평가한다. 또 시장 리더십, 글로벌 다각화, 올바른 자본배분 결정을 내릴 수 있는 능력이 입증된 유능한 경영진의 유무 역시 확인해야 한다. 불황 등에 대한 취약한 부분과 회복력 또한 평가해야 한다.

이제 대부분의 기준을 충족할 수 있을 때만 해당 주식에 얼마를 지불할 의사가 있는지 결정해야 한다.

'기준'은 서로 끈끈하게 연결되어 있다

'최고의 종목을 고를 수 있는 13가지 기준' 가운데 많은 기준이 서로 연관되어 있다는 점에 유의하는 것이 중요하다.

불황에 대한 회복력이라는 정성적 기준은 자연스럽게 정량적 기준 중 하나인 장기간에 걸친 강력한 매출 및 이익 성장과 연결된다. 높은 영업이익률과 가격결정력 또한 서로 연결되어 있다. 투하자본에 대한 일관되게 높은 이익률은 결국 지속가능한 경쟁우위의 자연스러운 결과다.

또 투하자본이익률이 높은 기업은 일반적으로 자본집약적이지 않으면서 현금을 많이 창출하는 특징이 있다. 재무상태표도 양호한 경우가 많다. 투하자본이익률이 높기 때문에 내부적으로 문제없이 성장에 필요한 자금을 조달할 수 있다.

퀄리티 기업을 가늠하는 이런 기준들은
상관관계 속에 서로 끈끈하게 연결되어 있다.

이런 기준들의 조합과 합리적인 가치평가가 결합되면,

리스크를 통제하면서도

평균 이상의 수익을 달성할 수 있다.

'원칙'과 '유연성', 둘 다 필요하다

만약 일부 요소가 우리가 정한 '기준'에서 벗어난다면, 이런 종목
은 완전히 배제해야 하는 걸까? 그렇지는 않다. 하지만 절대로 벗어
나면 안 되는 몇 가지 기준도 분명히 있다.

지속가능한 경쟁우위, 명확한 성장잠재력,

높은 투하자본이익률, 관리 가능한 부채는 필수적이다.

이런 기준들은 퀄리티 투자의 토대가 되는, '원칙'과도 같은 것들
이다. 내가 구상하는 투자스타일은 이런 특정 속성 없이는 실천이 불
가능하다.

다만, 어떤 기준의 경우에는 어느 정도 융통성이 있다. '전 세계를
대상으로 다양한 고객층을 기반으로 해야 한다'는 정성적 기준의 경
우가 그렇다. 이 경우 미국에서만 영업하는 우수한 기업을 발견했다
고 해서 포트폴리오에 포함할 수 없다는 의미가 아니다.

포트폴리오 전체를 기준으로 평가할 수 있다. 포트폴리오에 편입된 상당수 기업이 전 세계에서 영업활동을 하고 있다고 가정해 보자. 이 경우 특정 지역에서 활동하는 2~3개 정도의 종목을 편입할 정도의 유연성은 가질 수 있다. 다만, 전체 포트폴리오를 기준으로 전 세계적인 '다각화'를 유지하기만 하면 된다.

'기술 혁신에 대한 취약성'도 마찬가지다. 혁신적인 기술 발전에 완전히 영향을 받지 않는 기업들로만 포트폴리오를 구성하는 것은 원천적으로 불가능하다. 파괴적 혁신에 따른 위협 가능성이 상대적으로 낮다고 판단되는 기업들을 포트폴리오에 편입할 수 있다. 이렇게 하면 급변하는 분야에서 활동하는 일부 상위 기업을 자신 있게 소유할 수 있게 된다. 이런 특정 경우에는 '미래를 내다보는 경영진'이 있는 '시장 선도기업'을 선택하는 것이 유리하다. 시장의 혼란에 훨씬 덜 취약할 것이기 때문이다.

'불황 회복력'에도 동일한 원칙이 적용된다. 신중하게 선택한 대부분의 기업이 불황을 극복할 수 있는지 여부를 확인해야 한다. 그런 다음 그 가운데 우수한 기업 1~2개를 포트폴리오에 포함시키면 된다. 이렇게 하면 경기 사이클의 영향을 받는다 하더라도 포트폴리오 전체가 조만간 닥칠 예기치 않은 불황에 대비해 잘 무장된 상태를 유지할 수 있다.

엄격한 기준 하에서 이익의 일부만을 잉여현금흐름으로 전환하는 기업들 중에서도 고려할 수 있는 기업이 있다. 이익을 매우 높은 수익률로 재투자하는 경우가 여기에 해당된다. 재투자를 통해 지속적으로 이익을 다시 창출하는 이런 '복리기계'가 때때로 등장하기 때문이다. 최고의 퀄리티를 우선시하더라도 가끔은 유연성이 필요하다는 것을 보여주는 사례라고 생각한다.

결실은 노력한 만큼만 나온다

퀄리티 투자는 많은 노력을 필요로 하는 일이다. 따라서 누군가는 항변할 수도 있다. 도대체 누가 이런 노동집약적인 단계별 프로세스를 처음부터 끝까지 따라갈 수 있냐고, 그럴 시간적 여유 또한 있겠느냐고 말이다.

이 과정이 쉽지 않고 모든 사람에게 반드시 적합한 것은 아니기 때문에, 이런 항변은 타당하다.

만약 시간적 여유가 있는 투자자라면, 이 책에 설명된 종목선정 기준과 관련된 조사에 충분히 참여할 수 있을 것이다. 전설적인 투자자 존 템플턴 경Sir John Templeton은 '은퇴'는 몸과 마음 모두에 치명적이라고 말한 적이 있다. 그렇다면 '투자'는 이런 쇠퇴에 대응할 수 있는 훌륭한 방법이다. 여유를 즐기고 싶은 분들은 주식시장을 이용해 지적활동을 유지하면서 재산을 불릴 수 있으니 서로 윈윈win-win할 수 있는 상황이다.

하지만 바쁜 사람들의 경우는 상황이 다르다. 커리어 쌓기에 많은 시간을 할애해야 하고, 쑥쑥 커가는 자녀를 둔 부모이기도 한 30~40대의 경우, 이 책에서 설명하는 접근방식이 현실적으로 실행하기 어려울 수 있다는 것을 이해한다.

다시 말하지만, 퀄리티 투자뿐 아니라 모든 형태의 주식투자가 다

노동집약적이다. 그래서 정말 즐기면서 해야 가능한 일이라고 나는 생각한다. 그리고 일단 주식시장에 관심을 쏟기 시작한 후에는 리서치가 '고생'으로만 느껴지지는 않게 될 것이다. 노력한 만큼 결실을 얻는 법이다. 나는 그렇게 확신한다.

포트폴리오를 구축하는 프로세스

퀄리티 포트폴리오를 구축하기로 결정했다면, 이제 이론을 실무에 적용시켜 보자. 가장 먼저 할 것은, 소위 '스크린'이다.

종목을 검색할 수 있는 핀챗Finchat.io에서 스크린을 수행할 수 있다. 이 웹사이트를 통해 입력한 매개변수에 따라 기업을 선택할 수 있다. 이를 통해 불필요한 작업을 많이 줄일 수 있다. 몇 번의 마우스 클릭만으로 원하는 퀄리티 포트폴리오에 적합하지 않은 수천 개의 기업을 제외시킬 수 있다. 몇 가지 간단한 매개변수를 사용하면, 최근 몇 년간 완벽한 실적을 거둔 기업만 남게 된다. 그다음 사업보고서를 바탕으로 구체적으로 관심이 가는 기업의 재무 정보를 철저히 검토한다.

제공된 매개변수를 사용해 잠재적인 결과를 탐색할 수 있다. 10년 또는 여러 해의 평균을 사용하는 것을 고려하되, 많은 경우 코로나19 팬데믹 같은 '블랙스완'이 이런 평균치에 큰 영향을 미칠 수 있다는 점을 기억해야 한다. 이를 방지하려면, 먼저 2013년부터 2019년까지의 회사 실적을 살펴본 다음 2020년과 2021년에 코로나19 위기를 어떻게 극복했는지 별도로 조사하는 방법도 있다. 그리고 2022년과

2023년의 실적도 확인하자.

이제는 다음의 7가지 조건 하에 나온 첫 스크리닝 결과를 검토하면 된다.

- 매출액성장률 5% 이상

- 영업이익성장률 7% 이상

- 이익의 질(FCF/순이익) 80% 이상

- 투하자본이익률(ROIC) 15% 이상

- 잉여현금흐름 대비 부채 비율 5 이하

- 부채비율 80% 이하

- 이자보상비율 5 이상

이를 통해 추가 분석이 필요한 잠재적인 후보들을 식별할 수 있다. 또 기준을 약간 조정하면 어떤 기업들이 추가로 선택되는지 확인해 볼 수도 있다.

이렇게 정량적 기준에 따른 과정을 마쳤다면, 이제 정성적 기준에 따라 철저한 조사를 진행한다.

비즈니스 모델을 이해하고 있는가? 전 세계적으로 활발하게 활동하고 있으며, 선도적인 시장 지위를 확보하고 있는가? 지속적으로 성장하는 시장에서 사업을 영위하고 있는가? 가격결정력으로 이어지는 지속가능한 경쟁우위를 보유하고 있는가? 강력한 경영진이 회사를 이끌고 있는가? 회사는 불황기에도 돈을 벌고 있으며, 사업 중단에 따른 위험요소는 없는가?

대부분의 질문에 긍정적으로 답할 수 있다면, 찾은 기업의 가치평가를 살펴보자.

이 단계에서는 PER과 같은 몇 가지 간단한 상대가치평가만으로도 충분하다. 성장률, ROIC 수준, 부채비율은 밸류에이션을 추정하는 데 도움이 될 수 있다. 관심이 있다면 현금흐름할인법(DCF) 및 역DCF 계산을 사용해 심층적인 내재가치평가를 수행할 수 있다.

이런 과정을 거치면 의심할 여지없이 좋은 매수 종목을 찾을 수 있을 것이다. 그러나 기준은 충족하지만 밸류에이션이 매력적이지 않은 주식을 발견할 수도 있다. 이 경우 관심목록에 추가하고 계속 관찰하면 된다. 조만간 매수 기회가 올 것이며, 준비가 잘 되어 있다면 신속하게 대응할 수 있을 것이다.

그리고 다음의 기준은 참고용으로만 사용하자. 숙련된 투자자는 예를 들어 매출액성장률과 ROIC를 기준으로 선별한 다음 재무상태표와 현금흐름표를 직접 평가하는 것을 선호할 수 있다.

때로는 주식이 '기준'에서 벗어나는 데에는 그럴 만한 이유가 있을 수 있다. 하지만 경험이 많지 않은 투자자의 경우 정량적 기준과 정성적 기준을 망라한 '13가지 기준'을 만족하는 종목을 고수하는 것이 좋다. 이렇게 하는 것이 큰 실수를 피하는 데 도움이 될 것이다.

내가 구상하는 포트폴리오

이제 종목을 고를 준비가 되었으며, 검색 범위를 좁히는 데 도움이 되는 선별 도구 또한 확인했다.

그렇다면 이쯤에서 내가 구상하는 포트폴리오에 대해 좀 더 설명하는 시간을 잠시 갖도록 하자.

먼저, 재미있는 시스템 하나를 소개하겠다. 벨기에의 가치투자자 샘 홀랜더스Sam Hollanders(X 계정 @ValuingDutchman)가 고안한 것이다. 이 시스템으로 퀄리티 투자와 가치투자 간 차이점을 바로 알 수 있다.

샘은 체스 게임을 기반으로 한 분류 체계를 만들어 균형 잡힌 포트폴리오를 구축했다. 체스에서 킹을 제외한 모든 말이 주식을 상징하는데, 그 이유는 투자자인 당신이 곧 킹이기 때문이다. 킹의 역할은 모든 말을 주의 깊게 지켜보는 것이며, 킹이 없다면 체스 게임도, 투자 포트폴리오도 성립하지 않는다.

'룩'은 기본기는 탄탄하지만 최고 수준은 아닌 괜찮은 기업을 의미한다. 가격이 적절하다면 샘은 룩에 해당하는 기업을 포트폴리오에 추가할 의향이 있다.

'비숍'은 저평가 매력 때문에 눈여겨볼 만한, 다소 평범한 기업을 나타낸다. 이런 기업의 경우, 주가가 본질적 가치와 수렴하기를 기다리는 것이 핵심이다. 이후에는 다시 새로운 후보를 찾아 나서야 하며, 비숍에 대해서는 단순한 '매수 후 보유 전략'이 통하지 않는다.

더 나아가, 샘은 '폰'에도 주목한다. 폰은 어려움에 처했지만 다시 회복할 가능성이 있는 기업을 상징한다. 샘은 이들을 완전히 피하는 것이 더 낫다는 점을 인정하면서도, 때때로 이들로부터 괜찮은 수익을 거둘 기회를 발견하기도 한다. 물론 투기에 가까운 이런 경우는 그의 포트폴리오에서 극히 일부만 차지해야 한다. 체스에서 폰이 반대편 끝까지 도달할 가능성은 낮지만, 성공할 경우 폰은 귀중한 퀸으로 승격된다. 퀸은 샘의 체스판에서 마지막으로 등장하는 말이자, 퀄리티 투자자에게 진정 흥미로워지는 지점이다.

사실 퀄리티 투자자는 오직 '퀸'에만 관심이 있다. 샘의 퀸은 이 책에서 중점적으로 다루는 뛰어난 기업들을 나타내며, 언급된 거의 모든 투자 기준을 충족한다. 한마디로 퀸은 주식시장의 정수라 할 수 있다. 이렇게 샘의 이야기를 꺼내는 이유는 퀄리티 투자와 가치 투자, 혹은 다른 어떤 투자 스타일과의 차이를 강조하기 위함이다. 퀄리티 투자자는 단순히 체스판의 모든 말을 아름다운 퀸으로 구성하면 되는 것이다! 여기에 무슨 말이 더 필요하겠는가?

여기에는 폰, 비숍, 심지어 룩조차 들어설 자리가 없다. 그렇다면 포트폴리오가 불균형해지는 것일까? 전혀 그렇지 않다. 특정한 퀄리티 특성을 공유하는 주식들만으로도 충분히 잘 분산된 포트폴리오를 구축할 수 있다. 해당 특성이 서로 다른 산업 부문에서 나오고, 기업들이 여러 지역에서 활동하고 있다면, 충분한 분산과 균형을 이루는 것은 전혀 어렵지 않다.

고려하지 않는 업종

포트폴리오에 포함할 수 있는 업종은 다양하지만, 기준을 준수하면 일부 업종은 즉시 제외될 수 있음을 알 수 있다. 그러나 걱정할 필요가 없다. 원하는 것을 찾을 수 있는 분야는 그래도 여전히 많기 때문이다. 퀄리티를 추구하는 사람들은 다양한 산업에서 퀄리티를 찾을 수 있다.

많은 투자자들이 특정 산업에 전문성을 가지고 있다. 하지만 이는 퀄리티 투자자가 바라는 것이 아니다. 퀄리티 투자자는 업종에 관계없이 지속가능한 경쟁우위를 가진 기업의 전문가가 되는 것을 선호한다.

일부 업종에는 경쟁우위가 거의 존재하지 않는다. 그렇다면 해당 업종은 즉시 제외해야 한다. 피터 세일런은 그의 책 『인생주식 10가지 황금법칙』에서 퀄리티 투자자에게 적합하지 않은 몇 가지 업종을 열거했다. 나도 여기에 중요한 몇 가지를 덧붙이려 한다.

정량적 기준을 고수한다면, 은행 업종과 부동산 업종은 즉시 제외된다. 이런 업종에서는 적정 수준의 ROE를 창출하기 위해 높은 부채가 필요하다.

통신 업종도 제외해야 할 대상이다. 이 업종은 종종 높은 이익률을 보이지만 자본집약적이기 때문에 정부는 가격을 낮추기 위해 새로운 기업의 시장진입을 장려한다.

원자재 산업은 자동적으로 제외된다. 기업들이 자본 대비 중간 수준의 이익을 창출하는 데 그치며, 높은 경기순환성을 갖고 있기 때문이다. 또 사업을 지속하기 위해 막대한 투자가 필요하다. 게다가 통제할 수 없는 원자재 가격에 크게 의존하고 있다. 따라서 퀄리티를 중시하는 투자자는 이런 산업을 탐탁지 않게 여긴다.

항공 산업 또한 제외된다. 이 업계는 경쟁이 치열하다. 특히 저비용항공사들이 시장점유율을 확대하려고 끊임없이 경쟁하고 있다. 연료 가격의 변동성이 커서 업계의 예측가능성을 낮추고, 이미 낮은 이익률과 ROIC를 더욱 압박할 수 있다. 게다가 항공기 유지 및 교체에 따르는 막대한 투자가 필수적이다. 기후변화에 대한 우려를 고려하면 장기적인 성장 기회도 제한적이다. 퀄리티를 중시하는 투자자는 항공 산업에 대한 투자를 꺼리는 경향이 있다.

자동차 산업도 퀄리티 투자자의 관심을 끌지 못한다. 경기 변동이 심하고, 가격결정력이 거의 없으며, 낮은 이익률이 이 산업의 특징이다. 게다가 전기차로의 전환을 위해서는 막대한 투자가 필요하다. 자동차 산업은 한 치의 망설임도 없이 리스트에서 제외된다.

마지막으로, 업종에 관계없이 신생 기업의 경우 포트폴리오 편입이 고려되지 않을 것이다. 이런 종목은 기대가 클 수 있지만, 퀄리티 투자에 필수적인 과거 실적 자료가 부족하다.

충분한 분산

이제 포트폴리오가 최고의 퀄리티 기업들로만 구성되고, 특정 기준에 따라 일부 업종은 즉시 제외한 단계까지 진행된 셈이다.

다음 순서는, 이상적인 포트폴리오를 구성하기 위해 포트폴리오에 얼마나 많은 '퀸'을 포함할지 결정해야 한다. 연구에 따르면, 대부분의 시장에서 약 20개 종목으로 구성된 포트폴리오가 분산투자의 효과를 90% 정도 얻을 수 있다고 한다. 이는 다각화를 위한 좋은 출발점인 것 같다. 더 많은 종목에 투자하면 시장 수익률을 초과 달성할 확률이 낮아진다. 궁극적으로 더 많은 위험을 감수하지 않고 시장 대비 초과수익을 내는 것이 개별 종목을 선택하는 모든 투자자의 목표다.

이런 정보를 바탕으로 20개 종목에 투자하기로 결정했다면, 이 종목 모두를 추적할 수 있는지 스스로에게 물어봐야 한다. 종목 수를 과소평가하지 말자. 내 생각에 이상적인 종목 수는 15개에서 20개 사이다. 이렇게 하면 충분한 다각화를 제공하는 동시에 회사와 업종의 발전 상황을 파악할 수 있다. 물론 20개 이상의 종목을 추적할 수 있고 한다면, 이 숫자에 굳이 연연해 할 필요는 없다.

'이상적인 진입 시점'이 있는가?

퀄리티 투자자는 장기적인 관점을 염두에 둔다. 장기적으로 돈을 투자할 수 있다고 판단했다면, 그다음 질문은 자연스럽게 '투자를 시작하기에 가장 좋은 시기는 언제일까?'다. 이와 관련해서는 3가지 선택지가 있다.

첫 번째 옵션은, 시장이 크게 하락할 때 발생하는 '완벽한 진입 시점'을 기다리는 것이다. 이런 일은 때때로 발생한다. 2003년 초, 2009년 초 또는 2020년 3월의 시장 저점에서 퀄리티 주식을 바구니에 담았다면 수익률이 어땠을지 상상해 보라.

모두가 출구전략을 찾아 서두를 때 과감히 매수하는 것이

퀄리티 투자자에게는

실행하기 어렵지만 해야만 하는,

성배holy grail를 차지하는 것과 같은 일이다.

주식시장이 폭락할 때는 주가보다 더 중요한 것이 있다. 폭락의 원인이 된 이벤트가 기업 자체에 어떤 영향을 미치는지에 집중하는 것이다. 투자자라면 여기에 방점을 찍어야 한다.

투자 논리가 그대로 유지되는 한, 다른 투자자들이 자신감을 잃는 순간은 주식을 매수할 수 있는 적절한 타이밍이 될 수 있다. 모두가 비관적일 때 반대의 입장을 취하는 것은 역사적으로 훌륭한 전략으로 입증되었다.

문제는 이런 특별한 기회를 잡으려면 폭락장을 기다려야 하는 경우가 많고, 운 좋게 폭락장에서 투자를 시작하더라도 시장 바닥을 정확히 예측하는 것은 매우 불확실하다는 것이다. 이는 시장 타이밍을 맞추는 것과 같으며, 일관되게 실행하기 어렵기로 악명이 높다. 또 다음 폭락장은 몇 년 후가 될 수도 있으며, 그 바닥은 현재 수준보다 훨씬 더 높을 수 있다. 성장과 가치창출은 퀄리티 기업에서 지속된다. 밸류에이션이 일정하게 유지된다면 오래 기다릴수록 주가는 더 높아질 수 있다. 미국의 성공한 투자자 피터 린치^{Peter Lynch}는 시장 조정으로 인한 손실보다 시장 조정을 예상하는 데서 잃는 돈이 더 많다고 말하기도 했다.

이러한 고려사항 중 어느 것도 시장 타이밍에 맞춰서 투자를 시작해야 한다는 주장을 지지하지 않는다.

두 번째 옵션은, 지금 바로 투자를 시작하는 것이다. 나무를 심기에 가장 좋은 시기는 20년 전이고, 두 번째로 좋은 시기는 바로 지금이라는 중국 속담이 있다. 이 말에는 분명 일리가 있다.

영국의 펀드매니저인 테리 스미스는 2010년 펀드스미스^{Fundsmith}

를 설립해 큰 성공을 거둔 진정한 실력파다. 그러나 그는 수년 동안 많은 비판에 직면하기도 했다. 2012년에는 그의 펀드 종목들이 너무 비싸다는 이유로 가치평가에 주의를 기울이지 않는다는 비난를 받았다. 한 평론가는 펀드 종목의 가치평가에 대해 매년 불만을 표시하기도 했다. 평론가들의 이런 말을 믿고 펀드스미스에 투자하기를 주저하던 사람들은, 결과적으로 엄청난 수익을 놓치고 말았다. 수익 성장과 주가 배수 확대가 수익률을 견인하면서 스미스는 전체 시장보다 큰 폭으로 초과수익을 냈다.

진입 시점으로 생각했던 폭락장이 나타나지 않으면, 투자자는 결국에 뒤처질 위험이 있다. 2003년, 2009년, 2020년의 저점은 지금 시점에서 상당히 멀리 떨어져 있다. 투자지평은 진입 시점을 결정하는 데 중요한 역할을 한다. 5년 이내에 자금이 필요하다면 현재 가격으로 새로운 포트폴리오를 시작하는 것이 편치 않을 것이다. 게다가 이 글을 쓰고 있는 현재 많은 퀄리티 주식이 사상 최고가에 거래되고 있다. 하지만 장기적으로 보면 주가는 기업의 실적을 반영하므로, 현재 시장에서 가능성이 희박해 보이더라도 기회는 있을 수 있다.

'바로 지금'이라는 이 두 번째 옵션을 고려하고 있다면, 〈그림 6-1〉이 도움이 될 것이다. 이 그림은 퀄리티 기업의 경우 주어진 기간 동안 시장 대비 초과수익을 달성하기 위해 초기에 얼마까지 지불할 수 있는지를 보여준다.[2]

---

2 테리 스미스의 책 『퀄리티 투자, 그 증명의 기록(Investing for Growth)』에 소개돼 있는 펀드스미스(Fundsmith) 데이터 내용이다. 로레알의 경우 이익의 281배, 네슬레의 경우에는 51배를 지불하고서라도 1973년 당시 해당 주식을 매수했다면, 2019년까지 연 7%

| 그림 6-1 | 2019년까지 연 7%의 수익률을 얻기 위해 1973년에 지불 가능했던 PER은?

자료 : 테리 스미스, 『퀄리티 투자, 그 증명의 기록』

　　나는 퀄리티란 항상 어떤 대가를 치르더라도 가치가 있다는 식의 그런 인상을 주고 싶지는 않다. 퀄리티가 반드시 우수한 투자로 이어지는 것은 아니다. 미국 소매업체 월마트 사례를 통해 퀄리티 투자의 또 다른 측면을 한번 살펴보도록 하자.

　　월마트는 2000년부터 2012년까지 좋은 실적을 냈지만, 그동안 신용등급 재평가를 받았기 때문에 주가는 정체된 상태였다. 투자자들은 더 이상 회사에 대한 높은 밸류에이션을 지불할 의사가 없었고, 해당 기간 동안 우수한 비즈니스가 반드시 우수한 투자가 되는 것은 아니었다. 그리고 이와 유사한 예는 많다.

의 수익률을 기록하며 시장을 상회할 수 있었다—옮긴이.

| 그림 6-2 | 월마트의 주가 추이

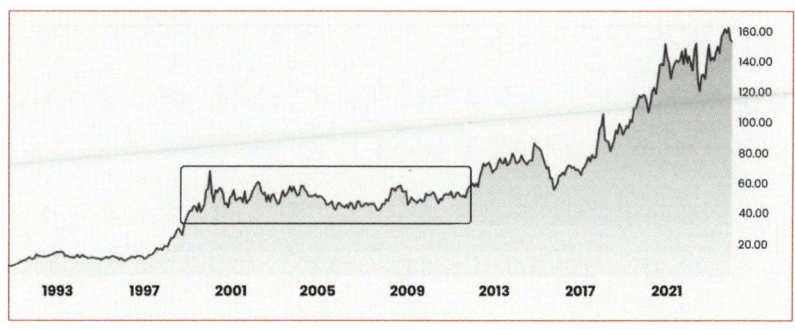

자료 : 트레이딩뷰(TradingView)

세 번째이자 마지막 옵션은, 적립식으로 나눠서 투자하는 것이다. 정기적으로 목표로 한 주식에 동일한 금액을 투자하는 방식이다. 바로 DCA$^{dollar\text{-}cost\ average}$ 투자법이다. 이렇게 하면 시간이 지남에 따라 위험을 분산하고 잠재적인 충격을 완화할 수 있다.

요컨대 3가지 옵션 각각에 대해 장단점을 생각해볼 수 있다.

완벽한 순간이 오지 않을 수도 있고, 뒤처질 수도 있다는 위험을 감수하고서라도 기다릴 수 있다(첫 번째 옵션). 또는 바로 투자를 시작할 수도 있다. 하지만 그 시점에 주가가 역사적으로 고점이라면 수년 동안 심하게 훼손된 포트폴리오를 보게 될 위험이 있으며, 이는 그다지 동기를 부여하지 않는다(두 번째 옵션). 그리고 적립식으로 투자하는 방법이 있는데, 이는 시간이 지남에 따라 적은 금액을 투자하는 것을 의미한다. 이 방법은 시장이 폭락할 경우 위험을 줄이는 데 도움이 될 수 있지만, 시장이 빠르게 상승할 경우 일부 수익을 놓칠 수도 있다(세 번째 옵션).

앞으로 시장이 어떻게 변할지는 짐작만 할 뿐이다. 따라서 어떤 결정을 내리는 것은 사실 어려운 일이다. 잠재적인 블랙스완과 같은 이벤트는 제쳐두고서라도, 중앙은행의 금리정책에 따라서도 많은 것이 달라질 것이다. 이는 2022년 초를 봐도 알 수 있다. 금리상승의 위협은 꽤 오랫동안 금융시장을 뒤덮었다.

그 이전까지 상황은 이랬다. 저금리로 인해 주식과 부동산 외에 다른 대안이 없는 상황에서 투자자들은 더 많은 위험을 감수하게 되었고, 그 결과 주가와 부동산 가격은 상승했다. 이른바 '티나TINA(대안이 없다)'가 '트리나TRINA(정말 대안이 없다)'가 된 것이다.[3] 하지만 금리가 상승하기 시작하자 시장은 급락했다. 금리는 할인율의 핵심 요소이기 때문이다. 금리가 상승하면 미래 현금흐름의 가치가 현재보다 낮아지고, 이는 곧바로 주가 하락으로 이어진다.

팔아야 하나, 말아야 하나?

철저한 조사를 통해 후보종목군을 선별하고, 최종적으로 20개 정도의 엄선된 종목으로 균형 잡힌 포트폴리오를 구축할 수 있다. 이제 그다음 순서는, 주식을 언제 매도할 것인지에 관한 것이다. 이상적으로는, 영원히 팔지 않는 것이 가장 좋다.

---

3 TINA는 'there is no alternative'의 약자로, 특정 행동이나 결정이 유일하게 실행가능한 선택지임을 암시하기 위해 자주 사용된다. TRINA는 이의 변형으로 'there really is no alternative'의 줄임말이다—옮긴이.

투자의 성과는

'우리가 무엇을 사고파는가'에서 나오는 것이 아니라,

'우리가 무엇을 보유하고 있는가'에서 나온다.

- 하워드 막스

모든 단계를 거쳐 대부분의 기준을 충족하는 기업을 찾았고, 합리적인 가격을 지불할 수 있었다면, 이제 베개 밑에 넣어두고 매일 소중히 간직하기만 하면 된다.

물론 때에 따라 기업 내부에 근본적인 변화가 발생해 투자 가치가 떨어졌을 때와 같이 주식을 불가피하게 팔아야 할 때도 있다. 언젠가는 이런 상황을 경험하게 될 것이다. 이런 상황이 닥치면 방심했다가 손실을 볼 수 있다. 그래서 이때 합리적인 선택은 손해를 보더라도 주식을 매각하는 것이다.

"끝이 없는 고통보다는 끝이 날카로운 고통이 낫다." 누군가를 해고하는 것이 얼마나 어려운지에 대해 이렇게 말한 이가 있었다. 에스티 로더의 전 CEO였던 레오나드 로더는 아니다. 바로 그의 아버지가 한 말이다. 그리고 이 말은 손실을 감수하는 것과 관련된 고통스러운 과정을 완벽하게 요약한다. 손절을 하고 싶지 않겠지만, 빨리 이를 악물고 결단을 내려야 한다. 그렇게 하지 않으면 주식은 계속 당신을 괴롭히며 포트폴리오 안에서 매일 '파란 숫자'로 당신을 조롱할 것이다.

처음 투자 아이디어가 더 이상 유효하지 않을 때는 매도하는 것이

유일한 선택이다. 특정 시점에 입수 가능한 정보를 바탕으로 결정을 내리는 것이므로 자책할 필요는 없다. 하워드 막스Howard Marks는 그의 책 『투자에 대한 생각The Most Important Thing』에서 결정의 '질'을 결과에 따라 판단해서는 안 된다고 설명했다. '좋은 결정'이란 본질적으로 결과를 알 수 없는 상황에서 내린 최적의 결정이다. 올바른 결정이 때때로 나쁜 결과를 초래할 수 있고, 잘못된 결정이 때론 성공을 가져올 수도 있다.

상황이 예기치 않게 바뀌면 업데이트된 정보로 과업을 다시 시작해야 한다. 이때 새로운 통찰력으로 이전과 다른 결과에 도달할 수도 있다.

매도해야 하는 또 다른 상황은, 가치평가가 지나치게 높아졌을 때이다.

이런 경험은 누구나 한 번 정도는 해봤을 것이다. 이런 상황은 행복한 고민이긴 하지만 이 역시 해결해야 할 문제인 것은 마찬가지다. 하지만 퀄리티 기업이 고평가되어 주식을 매도한다는 것은 좀 더 신중하게 생각해 볼 점이 있다. 퀄리티는 시장에서 인정받고, 좋은 성과는 높은 가치평가로 보상받는다. 이는 안 좋은 신호가 아니라 좋은 신호다.

테리 스미스는 이 책에서 여러 번 언급된 인물이다. 그가 이끌었던 펀드스미스는 2015년에 매우 좋은 성과를 보였던 도미노피자Domino's Pizza를 매도했다. 당시 주식의 가치는 강력한 성장세가 계속되어야만 정당화될 수 있는 수준에까지 도달했기 때문이었다. 펀드스미스는 그 성장률이 앞으로도 계속될 것이라고 확신하지 못했고,

고심 끝에 도미노피자를 팔기로 결정했다. 하지만 이는 실수로 판명 됐다. 도미노피자는 다음해 45% 상승하면서 펀드스미스의 예상은 보기 좋게 빗나갔다.

나는 이 일과 관련한 테리 스미스의 발언에 전적으로 동의하며, 그가 언급한 평론가의 전략이 얼마나 터무니없는지를 보여준다고 생각한다. 그럼에도 매일 수백만 명의 투자자가 시장 타이밍을 맞추려고 노력한다.

이 사례가, 왜 내가 일부 평론가들의 주장에 동의하지 않는지
설명되길 바란다.
평론가들은 우리 포트폴리오가 보유한 훌륭한 기업을 매도하고,
대신 상승이 기대되는 여러 잡다한 종목에 투자해야 한다고 말한다.
그리고 나중에 훌륭한 기업들의 주가가 하락하면
다시 매수해서 수익을 얻을 수 있다고 주장한다.
하지만 이런 전략은 비합리적이며,
장기적으로 성공 가능성이 낮을 것이다.

- 테리 스미스

밸류에이션이 너무 많이 떨어졌다면 절대 팔지 말라는 말은 아니다. 하지만 퀄리티 기업의 실적이 부진하다고 팔아버리면, 다시는 좋은 진입 시점을 찾지 못할 가능성이 높다. 결과적으로 뒤처지고 평생

후회하게 될 수도 있다. 우수한 기업은 팔기 위해 사는 것이 아니라 보유하기 위해 사는 것이다. 투자지평이 충분히 길다면 기업가치의 작은 변동에는 크게 신경 쓰지 않아도 된다.

매도해야 하는 또 다른 상황은, 시장의 혼란 징후를 발견했을 때다. 파괴적 혁신은 종종 아무도 깨닫지 못한 사이 스며든다. 하지만 파괴적인 기술을 제때 파악할 수만 있다면, 주식을 매도하는 것이 마치 승리처럼 느껴질 것이다. 따라서 급변하는 분야의 발전 상황에 대한 정보는 반드시 놓치지 않도록 해야 한다.

시간이 지남에 따라 지속적으로 잘못된 자본배분 결정을 내리는 경영진은 회사 자체가 근본적으로 건전하더라도 주식을 매도해야 하는 이유가 될 수 있다. 비즈니스를 통해 매년 현금이 쌓이는데 경영진이 그 돈을 계속 낭비한다면, 잉여현금흐름의 가치는 거의 없는 것과 마찬가지다. 평범한 기업보다 퀄리티 기업의 경우, 창출된 현금의 양이 매년 증가하기 때문에 경영진의 자본배분 능력은 더더욱 중요하다.

퀄리티 기업은 현금을 많이 창출하기 때문에 경영진은 현금 사용을 최적화하는 중요한 과제를 안고 있다. 이 핵심과제를 얼마나 잘 수행하고 있는지는 반드시 평가해야 한다.

특히 회사의 핵심 활동과 관련이 없는 고가의 대형 인수는 자본배분이 잘못되었다는 것을 보여주는 대표적인 예다. 연구개발 및 내부 성장 기회를 희생하면서 상당한 배당금을 지급하는 경우 역시 마찬가지다. 더 나쁜 경우는 회사가 배당금 때문에 부채를 떠안는 경우다.

마지막으로, 현금이 없는 상황에서 더 나은 투자 기회를 발견한 경우에도 매도할 수 있다.

투자금이 모두 소진되어 새 주식을 매수할 수 있는 현금이 남아 있지 않은 경우가 종종 있다. 이럴 때 기존 포지션보다 상승 가능성이 높은 흥미로운 기회를 발견했다면, 포트폴리오에서 매력도가 떨어지는 종목을 매도하거나 정리해 '새로운 발견'에 투자하는 것도 괜찮다.

이상과 같은 경우가 주식을 매도하는 주된 이유들이다. 하지만 이렇게 해서 가끔 수익을 얻을 수는 있지만, 그것이 주된 목표가 되어서는 안 된다. 진정한 부는 잦은 거래가 아니라 장기투자를 통해 쌓이기 때문이다.

정기적인 유지관리

포트폴리오를 구성한 후에는 정기적인 유지관리가 필요하다. 유지관리에는 분기보고서, 보도자료, 재무제표 및 업계에 관한 중요한 뉴스를 모니터링하는 것도 포함된다.

그리고 필요할 때 적절한 조치를 취해야 한다. 일부 투자자는 불필요한 소음으로 충동적인 의사결정이 일어날 것을 우려해 분기보고서는 건너뛰기도 한다.

끝으로, 매일 기록할 필요까지는 없지만 중요한 이벤트는 따로 기록해둘 필요가 있다.

아무것도 하지 않기

이제 퀄리티 투자자에게 남은 것은 무엇일까? 뒤로 기대어 아무것도 하지 않는 것이다. 최고 기업의 주주로서 더 이상 할 일이 없다면, 이는 좋은 징조다. 바로 그 시간에 돈은 계속 불어나고 있기 때문이다.

대부분의 투자자는 주식을 사거나 팔고 싶은 충동을 참을 수 없기 때문에 아무것도 하지 않는 법을 배워야 한다. 종종 정당한 이유 없이 행동에 옮기는 경향을 가리켜 행동편향action bias이라고 한다. 이런 편향은 꽤 오래된 것이다. 과거 수렵채집시대에 빠르게 행동하면 보상을 받았던 것이 오늘날까지도 여전히 우리 몸에 프로그래밍되어 있는 것이다. 따라서 이런 편향을 극복하려면 나름의 노력이 필요하다.

스스로 호의를 베풀고 긴장을 푸는 법부터 배우자. 결국 아무것도 하지 않는 것이 성공투자의 가장 아름다운 모습이다. 이는 리서치가 성과를 거뒀고, 주식을 매수하기로 한 결정이 옳았다는 궁극적인 증거다. 자산배분자로서 여러분의 할 일은 끝났다. 이제 수익을 창출하는 것은 경영진의 몫이다.

훌륭한 경영진이 회사의 현금을 수익성 있는 프로젝트에 재투자하고, 매출과 이익을 늘리고, 회사가 여러분이 신중하게 추구한 대중적 트렌드를 타도록 그대로 놔두자. 창출된 자본에 대한 높은 수익률의 혜택을 누리면서 재무상태표를 정리하고, 적절한 배당을 통해 주주인 여러분을 만족시킬 수 있는 충분한 여유를 보장해주자. 그러면 경영진은 혁신과 지속가능한 경쟁우위를 지키면서 자본을 적절히 배분하는 일에 보다 더 집중할 수 있을 것이다.

단기적인 소음에 주의를 기울이지 말고

기업을 소중히 여기며,

퀄리티 기업의 가장 친한 친구인 '시간'이

제 역할을 하도록 그대로 두라.

당신을 위한 선물

이 책은 여기까지다. 이 책이 여러분의 투자여정에 도움이 되기를 진심으로 바란다. 최고의 투자는 언제나 자기 자신에 대한 투자다.

지식에 대한 투자가 가장 높은 이익을 안겨준다.

- 벤저민 프랭클린

주식투자를 처음 접하는 사람에게는 늘 수많은 유혹이 따라옵니다. 단기 수익을 노린 매매, 남들이 추천하는 종목을 무작정 따라 사는 행위, 혹은 장밋빛 전망만을 좇는 투자가 그렇습니다. 하지만 시간이 우리에게 주는 교훈은 분명합니다. 좋은 기업에 장기적으로 투자하는 것보다 더 확실한 길은 없다는 사실입니다.

이 책의 저자인 뤽 크루제Luc Kroeze는 바로 이러한 교훈을 자신의 투자철학으로 삼아온 인물입니다. 그는 2008년 투자세계에 발을 들인 이후 해박한 투자지식과 실전경험을 바탕으로 자신의 철학과 투자방법론을 널리 알리는 데 힘을 쏟고 있습니다.

그가 강조하는 핵심은 단순합니다. 뛰어난 기업을 찾아, 적절한 가격에 매수한 뒤, 오랫동안 보유하라! 워런 버핏, 찰리 멍거, 테리 스미스 등 투자의 거장들이 증명한 최상의 전략입니다. 이른바 '퀄리티 투자'가 바로 그것입니다.

이 책의 가장 큰 장점은 이러한 철학을 누구나 실천할 수 있도록 '13가지 체크리스트'로 정리했다는 점입니다. 이 기준을 따라가다 보면 자연스럽게 '최고의 주식'을 가려내는 눈을 기를 수 있을 것입니다.

현재 저자는 벨기에와 네덜란드 투자자 커뮤니티에서 활발히 활동하며 '장기적으로 복리를 실현하는 가장 확실한 길은 퀄리티 투자'라는 신념을 전파하고 있습니다. 이제 그의 통찰이 이 책을 통해 국내 독자들에게도 전해지게 된 것을 기쁘게 생각합니다.

이 책을 읽으면서, 단순한 투자 기법이 아니라 시간을 내 편으로 만드는 투자 방식을 우리는 배우게 될 것입니다. 저자가 걸어온 길처럼, 우리 역시 최고의 주식을 찾아내어 긴 시간 끝에 열매를 맺는 진정한 투자자의 여정을 함께할 수 있기를 바랍니다.

2025년 여름

김경수

● 함께 읽으면 좋은 부크온의 책들 ●